KB212263

땅의 속성

땅의 속성

최상위 땅 고수가 말하는 땅에 대한 4가지 능력

김양구 지음

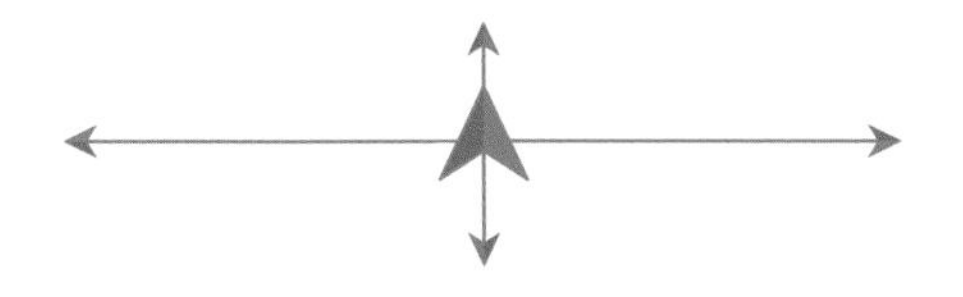

매일경제신문사

프롤로그

몇 년 전부터 스스로에게 한 가지 약속을 했습니다. 그것은 매년 책을 한 권씩 출간하는 것이었습니다. 3년 전부터 시작한 이 약속 덕분에 매년 책을 출간해 총 3권의 책을 출간할 수 있었습니다.

특히 2024년에는 전 직원 책 쓰기 프로젝트를 통해 8명의 직원 모두가 책을 한 권씩 출간한다는 목표를 세웠고, 기적처럼 모두가 책을 출간하게 되었습니다. 책 쓰기 프로젝트는 성공한 사람만 책을 쓰는 것이 아니라 평범한 사람도 책을 출간할 수 있다는 자신감을 심어준 계기가 되었습니다.

2025년 출간할 책은 부동산에 관한 책입니다. 땅을 보는 시야부터 땅을 파는 전략까지 땅 투자에 대해 총망라한 실제적인 이야기를 쓰고 싶었습니다. 실제로 땅을 찾고, 사고, 개발하고, 파는 방법에 대한 이야기를 구체적으로 기술했습니다. 필자는 현장에서 직접 경험한 것을 바탕으로, '땅의 속성'이라는 땅이 가지고 있는 고유한 특성을 독자나 투자자들이 이해하기 쉽게 작성하고자 했습니다.

이 책은 땅 투자를 통해 성공하고자 하는 사람들이 반드시 알아야 할 땅의 4가지 속성에 대해 설명합니다.

첫째, 땅을 찾는 능력

둘째, 땅을 사는 능력

셋째, 땅을 개발하는 능력

넷째, 땅을 파는 능력

이 4가지 땅의 속성을 정확하게 이해한다면 당신은 이미 토지 투자로 성공한 사람일 것입니다.

사실, 이 내용은 스노우폭스 그룹 김승호 회장의 저서 《돈의 속성》을 읽다가 깊은 깨달음을 얻고, 땅의 속성을 연구하면서 만든 책입니다. 김승호 회장은 저서에서 돈을 버는 능력, 모으는 능력, 지키는 능력, 그리고 쓰는 능력 등 돈이 가지고 있는 고유한 4가지 속성에 대해 이야기하고 있습니다.

땅도 마찬가지입니다. 땅이 가지고 있는 고유한 속성을 이해하지 못한다면 결코 땅 투자에서 성공할 수 없다는 생각으로 앞서 언급한 땅이 가지고 있는 4가지의 속성을 집중적으로 다루었습니다.

이 책에 담긴 사례들은 현장에서 직접 경험한 것을 바탕으로 한 사실적이고 생동감 있는 내용입니다. 땅 투자를 시작한 지 5년 만에 300억 원 자산을 이룬 실제 경험을 바탕으로 작성되었습니다. 이 책은 땅 투자가 어렵다고 생각하는 사람들에게 반드시 알아야 할 땅의 고유한 메커니즘을 쉽게 이해할 수 있도록 자세히 풀어 쓴 책입니다.

이 책을 펴는 순간 당신은 땅 투자의 신세계를 경험하며 새로운 여정을 시작하게 되고, 인생을 이대로 방치할 수 없다는 생각에 잠 못 들게 될 것입니다.

이 책이 당신의 생각과 인생을 변화시킬 수 있길 기대합니다.

이 책이 당신의 고정관념을 무너뜨릴 수 있는 계기가 되길 바랍니다.

이 책이 당신과 당신의 가족이 행복한 꿈을 꾸는 데 도움이 되는 지침서가 되길 소망합니다.

오픈마인드 **김양구**

1장

땅 투자란?

가난의 족쇄를 벗어나는 방법

대부분의 사람은 학교를 졸업 후, 성인으로서 사회생활을 하며 경제활동을 합니다. 삶을 살아가는 데 돈은 필수적입니다. 돈을 버는 방법은 주로 직장에서 이루어지는 노동에 의존하는 것이 일반적입니다. 왜 그럴까요? 이는 주변 사람들이 지금까지 그렇게 살아왔고 현재도 같은 방식을 따르기 때문입니다. 그 프레임을 벗어나면 매우 위험하다고 생각합니다.

사람들은 왜 부자들이 선택하는 사업이나 투자 대신 가난한 사람들의 방식인 직장생활이라는 노동을 통해 살아갈까요? 그것은 아마도 '가난의 대물림'이라는 삶의 환경이 직장생활을 당연히 여기게 했을지 모릅니다. 사람들은 태어나면서 보고 듣고 경험한 가난한 사람들의 삶의 방식을 답습하게 됩니다. 가난한 사람들이 생각하는 모든 것이 잠재의식 속에 쌓여 결국 가난의 정석이라는 결과를 만들어냈음을 부정할 수 없을 것입니다.

부자들의 생활방식,

부자들의 경제의식,

부자들의 잠재의식,

부자들의 생활환경까지,

부자들은 가난을 대물림하는 일반인들과는 차원이 다른 삶의 형태를 보여주고 있습니다.

예를 들어, 조선 시대에 노비의 신분으로 태어나면 죽을 때까지 노비의 규칙과 생활에서 벗어나기 힘든 삶을 살아야 했습니다. 노비였던 아버지는 자신의 삶을 통해 자식에게도 너무 당연하게 노비의 삶을 가르칩니다. 노비의 신분에서 벗어나는 행동은 절대 해서는 안 된다고 철저히 교육하며, 다른 길은 없다는 생각으로 족쇄를 채워버립니다. 결국 노비라는 족쇄를 부모가 만들어 자식에게 채우는 것입니다.

양반의 삶은 확연히 다릅니다. 양반의 신분으로 태어난 사람은 누려야 할 권리와 지켜야 할 품위를 배우고, 더 높은 벼슬을 갖기 위해 꿈을 꿉니다. 그들은 노비와는 완전히 다른 삶을 살아갑니다. 노비는 자신을 묶는 족쇄에서 벗어날 꿈조차 꿀 수 없지만, 양반은 더 많은 권리와 높은 지위를 얻기 위해 꿈을 꿉니다. 또한 양반은 과거시험이라는 제도를 통해 더 높은 권력을 차지할 수 있는 특권을 누렸습니다.

현대 사회는 기본적으로는 지위의 높고 낮음이 없는 평등한 사회입니다. 그러나 평범한 일반인과 부를 이룬 자본가를 비교해보면 삶의 계급이 분명히 나누어져 있음을 알 수 있습니다.

많은 사람이 직장이라는 족쇄에 묶여 마치 노비처럼 살아가고 있습니다. 주인이 쌀을 주지 않으면 굶어야 했던 노비처럼 직장에서 해고되면 월급을 받을 수 없게 됩니다. 길거리로 내몰리는 삶은 예전이나 지금이나 다르지 않습니다. 결국 또 다른 일자리를 찾아 떠나야 하며 일자리를 구하지 못하면 굶주릴 수밖에 없다는 사실은 시대가 지나도 변하지 않는다는 것을 확인할 수 있습니다.

이런 가난의 족쇄를 끊어내는 방법은 무엇일까요?

첫째, 본인이 누구인지에 대한 정체성을 명확히 하는 것입니다.

마인드셋을 새롭게 해서 부자의 사고방식으로 전환해야 합니다. 부정적인 생각을 긍정적인 생각으로 바꾸고, 미래에 대한 불신을 떨쳐내며 성공에 대한 확신을 가져야 합니다. '나는 성공하기로 결정되어 있다'라는 자기 확신을 가지고 기회를 찾는 연습을 지속적으로 해야 합니다.

가난한 가정에서 태어나 가난하게 살아가는 방식을 보고 자랐어도 이제는 잠재의식을 새롭게 하고 부자의 마인드로 삶을 재정립해야 합니다. 지금 시대는 가난한 환경에서 태어났더라도 신분에 얽매이지 않습니다. 하지만 시대가 변했음에도 여전히 가난한 사람들의 사고방식을 철저히 따르며 살아가는 사람들이 너무 많습니다.

부자들의 삶의 방식, 습관, 행동 그리고 사고방식을 철저히 배워야만 가난의 족쇄에서 벗어날 수 있습니다. 성공한 부자들의 삶의 방식은 지금 당신의 모습과는 크게 다르다는 사실을 인식해야 합니다.

둘째, 사업이나 투자를 해야 합니다.

직장생활로는 절대로 부자가 될 수 없습니다. 30년 동안 국가 공무원으로 일을 한다면 안정된 연금을 받을 수는 있겠지만, 절대로 부를 대물림할 수 있는 정도의 부자가 되기는 어렵습니다.

회사에서 받는 월급만으로는 절대로 부자가 될 수 없습니다. 부자가 되기 위해서는 당신이 회사의 대표가 되어야 하고, 결정권을 가진 투자자가 되어야 합니다. 자본이 없는데 어떻게 사업을 시작하고 투자할 수 있겠느냐고 반문하는 사람들이 있습니다. 그런 사람들에게 필자는 확신을 가지고 말씀드립니다. 자본이 없어도 가능합니다. 지금 사회는 국가에서 지원하는 다양한 사업이 존재하며, 여러 방법으로 대출을 받을 수도 있습니다. 좋은 아이디어만 있다면 당신에게 투자하려는 사람들도 있습니다. 그러나 많은 사람은 스스로 방법을 찾아보지도 않고 없다고 단정 짓습니다. 그것은 어쩌면 간절함이 부족하기 때문일지도 모릅니다.

누구나 원하는 분야에서 실력을 갖추기만 하면 투자하려는 사람들이 몰려드는 것이 오늘날의 현실입니다. 문제는 본인만 그 가능성을 보지 못한다는 점입니다. 필자는 하루하루가 투자의 연속입니다. 실력을 갖춘 후에는 투자자들이 몰려들었고, 돈이 없다고 말하면서도 투자를 하겠다는 사람들이 줄을 서기 시작했습니다. 그것은 제가 신용과 실력을 모두 갖추었기 때문입니다. 부자가 되기 위해서는 사업가나 투자자가 되어야 합니다.

일반인들은 상상조차 할 수 없는 부자
평생 돈을 써도 다 쓰지 못할 만큼의 부자
어려운 사람을 넉넉히 도울 수 있는 부자
그리고 꿈을 꾸는 사람들에게
그 꿈을 이룰 수 있도록 도와줄 수 있는 부자

이러한 부자가 되기 위해서는 반드시 사업가나 투자자가 되어야 합니다. 저는 부자가 되는 방법 중 하나로 토지 투자를 선택했고, 이를 통해 부자가 되었습니다. 이 책에서는 토지 투자를 통해 부자가 되는 구체적인 방법을 자세히 알려드리겠습니다.

왜 땅 투자인가?

땅은 과거에도 존재했고 현재도 있으며 미래에도 계속 존재할 것입니다. 모든 것은 땅에서 시작합니다. 전쟁도 결국은 '땅따먹기'에서 시작되었습니다. 땅에서 생산된 식량과 자원을 빼앗기 위해 전쟁을 합니다. 땅을 차지하는 것이 곧 힘의 원천입니다.

경제의 시작도 땅에서 출발했고 경제 규모 또한 땅에서 결정됩니다. 땅을 많이 소유한 나라는 부유한 나라이고, 땅을 많이 소유한 개인을 동양에서는 지주, 서양에서는 영주 등으로 구분해 불렀습니다. 결국 가장 많은 땅을 가진 사람이 부자로 인정받았습니다. 땅이 모든 가치의 근원이자 시작점이라는 사실을 반드시 기억해야 합니다.

모든 농산물과 식량은 땅에서 수확됩니다.

희귀한 자원들도 땅에서 나옵니다.

나무와 각종 식물도 모두 땅에서 자랍니다.

초식동물부터 육식동물까지 모든 생명체가 땅 위에서 살아갑니다.

만물의 영장인 인간 역시 땅 위에서 살아가고 있습니다.

아름다운 다이아몬드, 금, 에메랄드, 사파이어 같은 보석들 또한 땅에서 납니다.

아름다운 집도 땅 위에 지어집니다.

명품 아파트도 땅 위에 지어집니다.

중심상업지의 상가도 땅 위에 지어집니다.

우리나라에서 가장 높은 롯데월드타워조차 땅 위에 지어졌습니다.

물 역시 땅속과 땅 위를 흐르고 있습니다.

《성경》에는 인간이 흙(땅)으로 만들어졌다고 합니다.

결국 모든 것이 땅에서 시작됩니다. 이렇게 소중한 땅을 갖고 싶지 않으신가요? 이렇게 가치 있는 땅을 우리는 왜 가질 수 없는 것일까요?

얼마 전, 현재 평택에서 농사짓고 있는 땅의 가격이 궁금해졌습니다. 그래서 마을 이장님을 찾아가 여쭈어봤습니다.

"이장님, 30년 전 이 땅의 가격이 평당 어느 정도였나요?"

이장님은 잠시 생각하시더니 말씀하셨습니다.

"이 땅은 정확히 기억하는데 나라에서 경지정리를 할 때 평당 5,000원에 매매했던 것으로 기억해. 그때에 비하면 정말 많이 올랐지."

현재 이곳은 평당 100만 원이 넘는 곳으로 변했습니다. 과거 30년 전과 비교하면 200배 이상 상승한 셈입니다. 주거지가 아닌 농림지역임에도 불구하고 이렇게 가격이 상승한 것입니다.

땅 투자를 제대로 하면 절대로 손해 보지 않습니다.

회사가 망하면 주식은 휴지 조각으로 변합니다.

가상화폐도 상황에 따라 디지털 휴지로 전락합니다.

건물은 시간이 지나면 노후화되어 가치를 잃고 재건축을 해야 합니다. 화재가 발생하면 잿더미로 변하며, 태풍이나 지진과 같은 자연재해 앞에서도 정말 나약한 존재입니다.

하지만 땅 투자는 이런 모든 위기 상황에도 흔들리지 않는 유일한 자산입니다.

땅은 시간이 흐를수록 가치가 상승합니다.

땅은 노후화되지 않는 고유한 가치가 있습니다.

땅은 누군가 들고 가거나 훔쳐 갈 수 없습니다.

땅은 불이 나도 아무런 영향을 받지 않습니다.

땅은 우리에게 쉼과 평온을 제공하며 결국 사람을 행복하게 해줍니다.

저는 땅에 투자해서 1억 원의 투자금으로 5년 만에 300억 원 이상의 자산을 이루었습니다. 당신도 자신의 가치를 빛내고 운명을 바꿀 땅을 찾아야 합니다. 땅을 찾는 능력을 키워보세요.

토지 투자를 처음 하는 사람들의 착각

토지 투자에 대해 착각하는 사람들이 너무 많습니다. 도대체 어떤 착각 때문에 그들은 토지 투자를 두려워하는 걸까요?

토지는 알아야 할 내용이 너무 많아 어렵다

토지 투자는 아파트나 상가 투자에 비해 알아야 할 내용이 많은 것이 사실입니다. 상당한 지식과 경험이 요구되며, 이를 간과하고 섣불리 투자하다가 낭패를 보는 경우도 자주 보게 됩니다.

그러나 토지는 장기간 꾸준히 공부하고 다양한 경험을 쌓으면 실력으로 바뀝니다. 이러한 실력은 투자 성과로 이어져 기쁨과 보람을 안겨줄 뿐만 아니라, 꿈을 실현하는 원천이 되기도 합니다. 누구나 토지 투자를 시작할 수 있지만 모두가 성공하지는 못합니다. 그러나 꾸준히 배우고 실력을 키워나간다면, '어려움이라는 담장'은 오히려 실력자를 구분하는 기준이 되어 당신을 경쟁력 있는 투자자로 만들어줄 것입니다.

물론, 쉽게 생각하면 안 되는 것이 토지 투자이며, 때로는 겸손함을 배울 수 있는 것이 토지 투자입니다. 그리고 당신을 확실하게 부자로 만들어주는 투자가 토지 투자입니다.

토지는 큰돈이 필요하다

처음부터 큰돈이 있어야만 토지 투자를 할 수 있다면 과연 토지 투자자는 얼마나 존재할 수 있을까요? 투자에 큰돈이 필요하다는 생각은 토지를 잘 이해하지 못하는 사람들이 생각하는 선입견일 뿐입니다. 직접 경험해보지 않았기 때문에 땅을 살 때 다른 부동산에 비해 상대적으로 큰돈이 필요하다고 느껴질 수 있습니다. 물론 상업지구에 위치한 땅을 산다면 매우 비싸게 느껴질 수도 있습니다. 그러나 개발되지 않은 원형지는 의외로 낮은 비용으로 소유할 수 있습니다. 이것이 바로 토지 투자의 묘미입니다.

필자의 저서 《오르는 땅의 비밀 노트》 59쪽의 사례를 보면, 한 토지의 가격은 1억 1,850만 원이지만 대출이 약 7,000만 원이고 실투자금은 4,850만 원입니다. 이 땅은 매입 후 5개월 만에 2억 3,300만 원에 매도해서 1억 1,450만 원의 수익을 냈습니다.

또 다른 사례로 이보다 더 작은 안성시 양성면 방축리에 위치한 297평의 땅을 평당 13만 원의 가격으로 총 3,900만 원에 매입한 경우도 있습니다. 저렴하게 매입한 그 땅은 3년 만에 3배 이상 가격이 상승했습니다.

돈이 많아야만 땅을 살 수 있는 것은 아니라는 사실을 증명하는 사례입니다. 주변을 자주 다니며 관심을 가지고 호재가 있는 지역을 관찰하다 보면 저렴한 매물로 나오는 토지를 발견할 수 있습니다. 토지는 돈이 많이 있어야만 살 수 있다는 선입견을 가지지 않길 바랍니다.

토지는 오래 묵혀 두어야 한다

토지 투자는 일반적으로 오랜 시간을 기다려야 큰 수익을 얻을 수 있다는 말은 맞습니다. 그러나 모든 토지 투자가 장기 투자를 해야 한다는 주장에는 동의하지 않습니다. 개발 호재가 없는 지역에서는 장기적인 투자를 해야 수익성이 있습니다. 그러나 개발 호재가 풍부한 지역이라면 상황은 완전히 달라집니다.

땅은 개발 호재라는 옷을 입게 되면 가격이 천정부지로 상승합니다. 주변에서 '아파트 부자'라는 말은 흔히 듣기 어렵지만, '땅 부자'라는 말은 자주 들어봤을 것입니다. 이는 땅을 많이 소유한 사람들에게 붙여진 별칭이기도 합니다. 특히 개발 호재가 풍부한 지역에서의 땅 투자는 장기간이 아닌 단기간에도 큰 성과를 낼 수 있습니다.

필자의 저서 《오르는 땅은 이미 정해져 있다》를 보면 대부분의 사례가 매입 후 1년 안에 되팔아 수익을 올린 사례들로 가득합니다.

168쪽에서는 평당 100만 원에 매입한 땅을 5개월 만에 평당 170만 원에 매도해서 세전으로 11억 원의 수익을 올렸습니다.

205쪽에서는 평당 110만 원에 매입한 땅을 4개월 만에 평당 177만 원에 매도해서 세전으로 6억 2,270만 원의 수익을 냈습니다.

209쪽에서는 평당 65만 원에 매입한 땅을 3개월 만에 평당 128만 원에 매도해서 세전으로 3억 933만 원의 수익을 기록했습니다.

이 사례들은 토지는 오랫동안 보유해야 수익을 낼 수 있다는 선입견이 얼마나 잘못된 것인지를 보여줍니다. 개발 이슈가 없는 지역은 당연히 장기간 투자를 해야 합니다. 그러나 실수요가 넘치는 개발지 주변의 토지 투자는 단기간에 놀라운 결과를 만들기도 합니다.

혹시 아직도 토지 투자가 장기간 자금이 묶이는 투자라고 생각하시나요? 만약 그렇다면 지금부터 인식을 전환해야 한다고 조언하고 싶습니다. 토지 투자는 반드시 장기 투자만 성공하는 것이 아닙니다. 10년 전에 산 땅을 당시 가격 그대로 내놓아도 팔리지 않는 경우가 있는 반면, 단 3개월 만에 2배로 오르는 땅도 분명히 존재합니다.

반드시 이기는 게임

토지 투자에서 이기는 게임을 하려면 어떻게 해야 할까요?

입지분석, 권리분석에 대한 완벽한 지식을 가지고 있어야 합니다.

특히 경매를 통한 매수를 고려한다면 권리분석은 더욱 중요합니다. 등기사항전부증명서(구 등기부등본)를 보고 정확하게 해석할 수 있어야 합니다. 권리관계가 어떻게 되는지, 지분 경매는 어떤 영향을 끼치는지, 지장물의 처리와 유치권에 대항할 법적 근거와 자료를 찾을 수 있는지, 근저당이 있는지, 압류가 있는지, 채권은 어떤 영향을 주는지 같은, 사소한 것부터 중요한 내용까지 파악할 수 있는 실력을 갖춰야 이기는 게임을 할 수 있습니다.

적을 모르고 싸울 수는 없습니다. 적과 싸워 이기려면 무조건 더 많이 알아야 합니다. 아는 것이 손해를 가져오는 법은 없습니다. 모르는 것이 오히려 부끄러운 일이며, 때로는 재산을 잃게 되는 결과를 초래할 수 있습니다.

입지분석도 완벽하게 통달해야 합니다. 매입하려는 토지가 고속도로 나들목(이하 IC)에서 얼마나 떨어져 있는지, 철도와의 거리는 어느 정도인지, 그리고 차량의 유동성은 얼마나 되는지를 파악해야 합니다. 또한, 사람들의 유동성이 주말과 평일에 얼마나 차이가 나는지, 해당 입지에 향후 브랜드 프랜차이즈 업체들이 들어올 가능성이 있는지 등도 분석해야 합니다. 특히 사람들의 동선과 차량의 동선이 주요 도로를 따라 움직일 때 그 움직임이 내 토지에 어떤 영향을 미칠 수 있는지 반드시 확인해야 합니다.

이처럼 경매에서 반드시 승리해야 하는 게임을 한다면 권리분석과 입지분석능력은 가장 먼저 갖춰야 할 핵심 역량입니다. 아무리 어렵게 느껴지더라도 그냥 대충 넘겨서는 절대 안 됩니다. 반드시 공부하고 끝까지 포기하지 말아야 합니다. 권리분석과 입지분석의 달인이 되기 위해서는 풍부한 경험이 필요합니다. 실패하든 성공하든 그 자체가 중요한 것이 아니라, 얼마나 많이 경험했는지가 중요합니다. 많은 경험을 쌓다 보면 어느 순간 권리분석과 입지분석의 달인으로 성장한 자신의 모습을 볼 수 있을 것입니다.

판단의 기준점을 확실하게 알아야 합니다.

기준이 없으면 판단이 흔들릴 수밖에 없습니다. 땅의 가치와 가격에 대한 명확한 기준이 있어야 본인이 추구하는 방향을 설정할 수가 있습니다.

· 사려고 하는 땅이 도로에서 얼마나 떨어져 있는가?
· 도시계획은 잡혀 있는가?
· 주변에 계획도로가 있는가?
· 주변에 개발 호재가 있는가?
· 주변 토지의 가격은 어느 정도인가?
· 주변보다 얼마나 낮은 가격에 매입해야 수익을 볼 수 있는가?
· 사려는 땅의 가격에 대한 마지노선이 있는가?

이런 기준을 가지고 있어야 좋은 땅을 구별할 수 있으며, 기준에 맞는 땅을 선별하고 평가하는 명확한 잣대를 만들 수 있습니다.

주변의 돌아가는 상황을 정확하게 인지하고 있어야 합니다.

시대적인 경제 상황이나 금융환경이 부동산에 미치는 영향을 예민하게 관찰해야 합니다. 이렇게 해야 경기가 급등하거나 폭락하는 상황에서도 지혜로운 판단을 내려 위험에서 벗어날 수 있는 올바른 선택을 할 수 있습니다.

무엇보다도 주변 땅의 가격을 충분히 숙지해야 합니다. 예를 들어,

사려고 하는 땅의 적정 가격을 모른다면 경매 시장에서는 성공하기 어렵습니다. 입찰하려는 물건이 비싼지, 싼지 구분하지 못한 채로 입찰할 수는 없습니다. 주변을 철저히 조사해서 확실한 정보를 얻고 순간적인 판단을 내릴 수 있는 순발력을 갖추는 것이 필수적입니다.

완벽한 출구전략이 있어야 합니다.

반드시 이기는 게임을 하기 위해서는 이겨놓고 싸워야 합니다. 무턱대고 싸워서는 안 되며 이길 수 있는 전략을 먼저 세워야 합니다. 전략을 세우고 싸우면 상대방의 생각과 행동을 예상해 대응할 수 있습니다. 토지의 출구전략도 마찬가지입니다.

필자의 저서 《오르는 땅은 이미 정해져 있다》에서 오르는 땅은 필연적으로 오르게 되어 있다고 이야기했습니다. 다시 말하면, 땅을 살 때부터 팔 계획을 세워야 한다는 의미입니다. 해당 저서에는 토지를 매입한 후, 1년 안에 매도한 사례들로 가득합니다.

부동산 경매에서 완벽한 출구전략은 남들과 비교할 수 없을 정도로 낮은 가격에 낙찰받는 것입니다. 낮은 가격으로 낙찰을 받기 위해서는 다른 사람들이 접근하기 어려운 물건을 다룰 수 있는 능력이 필요합니다. 또한, 본인의 실력으로 문제를 분석하고 해결할 수 있어야 하며, 이러한 경쟁력이 출구전략을 세우는 데 큰 힘이 됩니다.

이처럼 이겨놓고 싸우기 위해서는 누구도 범접할 수 없는 실력자가 되어야 합니다. 첫째도 실력! 둘째도 실력! 셋째도 실력! 이것이 출구전략의 핵심입니다.

강한 확신을 바탕으로 과감하게 투자해야 합니다.

기회가 왔을 때 망설이는 사람이 있습니다. 수많은 투자자와 여러 해 투자 상담을 해본 결과, 투자를 희망해서 좋은 물건을 소개받고도 선뜻 계약하지 못하는 경우가 많습니다. 좋은 토지를 찾아 몇 번을 더 소개해도 마찬가지입니다. 그분에게는 어떤 토지를 주어도 마찬가지일 것이라고 생각합니다. 결국 본인이 확신하지 못하면 아무리 좋은 땅을 찾아줘도 망설이게 됩니다.

기회는 자주 오는 것이 아닙니다. 기회라고 판단된다면 과감히 도전할 필요가 있습니다. 망설이다 보면 좋은 기회는 이미 다른 사람의 손에 넘어간 뒤일 것입니다. 빠른 선택을 위해서는 확실하고 완벽한 지식과 정보를 갖춰, 흔들리지 않는 확신으로 투자에 임해야 합니다.

투자 시 발생하는 리스크보다 투자를 선택하지 않을 때 발생하는 리스크가 훨씬 더 크다는 사실을 알아야 합니다. 투자를 해보면 성공하든 실패하든 경험을 쌓을 수 있습니다. 그러나 아무것도 시도하지 않으면 아무런 결과도 얻을 수 없다는 사실을 기억하시길 바랍니다.

리스크는 어디에나 존재합니다. 아무리 실력이 뛰어난 사람조차도 리스크는 있게 마련입니다. 《레버리지》의 저자 롭 무어(Rob Moore)는 이렇게 말합니다.

"당신이 만약 아무 리스크도 지려고 하지 않으면 모든 것이 리스크가 된다."

당신이 이루고 싶은 것

당신의 직업에서 이루고 싶은 목표
당신이 사랑에 빠지길 원하는 사람
당신이 가고 싶은 곳
그리고 5년, 10년, 20년 동안 계획해온 모든 것들

만약 당신이 아무 리스크도 지지 않으려고 시도조차 하지 않는다면, 시도하지 않는 것 자체가 모든 것을 리스크로 만들게 됩니다. 당신이 시도하지 않아서 하는 후회는 실패했더라도 시도했던 후회보다 훨씬 더 크게 다가올 것입니다. 시도한다면 최악의 경우 실패할 수도 있습니다. 그러나 최선의 경우 당신의 삶이 통째로 바뀔 수도 있습니다.

사랑에 빠질 수도 있습니다.
많은 돈을 벌 수도 있습니다.
행복한 삶을 살 수도 있습니다.

그러므로 어떠한 리스크도 감수하지 않으면 당신은 모든 것을 리스크로 만드는 셈이 됩니다. 부동산 투자에서 반드시 이기는 게임을 하려면 어떻게 해야 할까요?

1. 입지분석, 권리분석에 대한 확실한 지식을 습득합니다.
2. 가격에 대한 기준점을 구체적으로 파악합니다.
3. 투자 흐름과 현재 상황을 정확히 인식합니다.

4. 기회가 왔을 때 망설이지 말고 강한 확신으로 도전합니다.

기회를 보고도 망설이는 사람들은 또 다른 리스크를 마주하게 됩니다. 어떠한 리스크도 감수하지 않는다면 부동산 투자에서는 이미 실패하고 있는 것입니다.

부동산 투자에서 이기는 게임의 첫 번째 시작은 'Just do it'입니다.

어려울 때가
투자의 완벽한 기회

2024년은 고금리가 지속되는 불확실한 경제 상황으로 인해 전반적으로 경제가 좋지 않았습니다. 건설경기가 악화되면서 부동산 분양도 위축된 최악의 상황이었고, 부동산 시장 역시 물건을 내놓는 사람은 많아도 찾는 사람은 많지 않았습니다. 아무리 경제가 어려워도 땅값까지 하락하는 것은 드문 일인데, 요즘은 하락하고 있는 상황입니다.

여기에 더해 LH 투기 사건으로 인한 농지규제로 농지가격도 하락하고 있으며, 매물로 나온 농지를 살 사람이 없어 경매로 넘어가는 사례가 증가하고 있습니다. 얼마 전까지만 해도 농지는 경매에서 2~3회 차에 낙찰되었지만, 농지규제가 강화되면서 사고 싶어도 사기 어려운 환경이 되었습니다.

2024년 기준, 지방 농지 경매에서는 4~5회 차까지 유찰되는 현상도 나타나고 있습니다. 이는 부동산 경기가 얼마나 악화되었는지를 보여줍니다. 부동산 투자의 기회는 경기가 좋지 않고 매물이 시장에 쏟아질 때 찾아옵니다. 이 시기에 쏟아지는 물건을 잘 찾아보면 값싸고 질 좋은 부동산을 골라서 매입할 수 있습니다. 대부분의 사람들은 경제 상황이 나빠지면 움츠러들고 보수적으로 대처합니다. 하지만 부동산 투자는 경기가 좋을 때 경계해야 하고, 불황일 때 적극적으로 투자해야 합니다. 경제는 항상 순환합니다. 좋은 시기가 있으면 어려운 시기도 있고 어려운 시기가 지나가면 다시 좋은 시기가 찾아옵니다. 늘 반복된 패턴으로 움직이기 때문에 이러한 패턴을 이해하고 적용하는 것이 성공적인 투자의 핵심입니다.

성공적인 투자를 했던 사람들의 말을 들어보면, 1997년 IMF 외환위기 시절이 가장 투자하기 좋았다고 합니다. 또한 2008년 리먼 브라더스(Lehman Brothers Holdings Inc.) 파산으로 인한 세계 금융위기 때도 투자하기 좋은 기회였다고 이구동성으로 이야기하고 있습니다.

일반적인 사람들은 이런 위기가 찾아오면 움츠러들지만 성공하는 사람들은 이를 기회로 삼습니다. 반드시 경기는 회복될 것입니다. 지금은 금리가 높지만, 시간이 지나면 결국 금리는 떨어지게 됩니다. 경제가 회복되고 금리가 떨어지고 모든 것이 정상화된 후에 투자를 시작한다면 이미 늦습니다. 기회는 위기와 함께 찾아온다는 사실을 꼭 기억하시길 바랍니다.

지금이 투자하기에 가장 좋은 시기입니다. 경제가 어렵고 불황이 지속된다는 말이 사람들 입에서 끊임없이 나오고 있는 지금이 바로 기회입니다.

저는 2024년 9월에서 11월까지, 3개월 동안 17개 이상의 땅을 매입했습니다. 이렇게 매입할 수 있었던 이유는 지금이 가장 땅 가격이 낮은 시기라는 확신이 있었기 때문입니다. 당시 매입한 땅들은 시세의 50% 이하로 매입했으며 경매를 통해 10개 이상의 땅을 매입했고 공시지가 이하로 나온 땅을 소개받기도 했습니다.

땅은 한번 사면 10년 동안 기다려야 한다는 상식을 깨는 방법이 있습니다. 불황기에 반값 이하로 떨어진 땅을 매입해, 호황기가 돌아올 때 시세보다 약간 낮은 가격에 매도하면 쉽게 팔릴 수 있다는 것을 수많은 경험을 통해 알게 되었습니다. 시세를 고수하면 빠른 매도 타이밍을 놓칠 수 있습니다. 남들보다 낮은 가격에 사고 남들보다 낮은 가격에 팔면 빠른 매도 타이밍을 가질 수 있습니다.

결국, 토지 투자는 불황기에 싸게 사고 경제가 회복될 때 약간 싸게 파는 것이 출구전략의 정석입니다.

기회는 정말로 어려운 시기에 찾아옵니다. 투자자라면 이 점을 꼭 기억하시기 바랍니다.

땅 투자의 또 다른 방법, 농지연금

농지연금은 만 60세 이상인 농민에게 노후생활을 지원하기 위해 만들어진 제도입니다. 간단히 말해, 농업인이 농지를 담보로 평생 연금을 지급받는 방식입니다.

연금은 수입이 없을 때 노후를 책임지는 중요한 생활 자금입니다. 선진국을 보면 사회보장제도와 연금제도가 가장 눈에 띕니다. 연금은 행복한 노후를 위한 핵심 대안으로 자리 잡고 있습니다.

우리나라에서도 은퇴 후 국민연금, 퇴직연금, 각종 공무원연금, 주택연금, 농지연금, 산지연금 등 다양한 연금을 수령할 수 있습니다. 직장생활을 성실히 한 사람들은 국민연금과 퇴직연금을, 정부기관에서 정년을 맞이한 사람들은 공적연금을 받을 수 있습니다. 예를 들어 공무원은 공무원연금을, 군인은 군인연금을 받습니다. 그리고 주택을 소유한 사람들은 주택을 담보로 평생 주택연금을 받을 수도 있으며, 땅을 가진 사람도 연금을 받을 수 있는 농지연금 제도를 통해 연금을 받을 수 있습니다. 농지연금은 소유한 농지를 농지은행에 맡기고 평생토록 매월 연금으로 지급받는 방식입니다.

시골에는 땅은 많지만, 하루하루를 힘겹게 살아가는 사람들이 많습니다. 땅 부자로 불리지만, 현금이 부족해 실제로는 풍요로운 삶을 살지 못하는 경우가 많습니다.

농촌에서 땅을 일구며 사는 사람들은 삶의 질을 높이기 위해 땅을 팔아 생활하는 경우가 거의 없습니다. 대부분은 죽을 때까지 고향을 지키고 땅을 일구며 살다가, 이를 자녀들에게 상속하는 것이 일반적입니다. 이때, 농지연금 제도는 삶의 질을 높이는 데 효과적입니다. 이 제도를 잘 활용하면 소유한 땅을 팔지 않고도 매월 최대 300만 원까지 평생 연금으로 지급받아 더 나은 삶을 누릴 수 있습니다.

농지연금을 활용하려면 생각의 전환이 필요합니다. 본인이 사망할 때까지 자녀들에게 손 벌리지 않고 소유한 농지를 담보로 매월 연금을 받을 수 있다면, 이는 자녀들에게도 부담을 덜어줄 수 있습니다. 나이가 들어 수입이 없어질 때 자녀들에게 매월 용돈을 받으며 부담을 주는 대신, 자신의 땅을 담보로 죽을 때까지 연금을 받는다면 더 나은 선택이 아닐까요? 자산을 활용하지 못한 채 죽을 때까지 궁핍하게 살면서 자녀들에게 재산을 남겨주는 것보다, 자신의 삶의 질을 높이고 자녀들에게도 부담되지 않는 방법을 선택하는 것이 현명한 결정이 될 수 있습니다.

2장

땅을 찾는 능력

토지 투자의 타이밍

부동산 투자에서 성공과 실패는 사실 투자 타이밍에서 결정 난다고 해도 과언이 아닙니다. 10년 동안 오르지 않던 땅이 단 1년 만에 10년 동안 오른 것보다 더 많이 오르기도 합니다. 분명히 오른 이유가 있는데 그것을 정확하게 분석할 수 있는 사람은 많지 않습니다. 그냥 '때가 되어 올랐겠지' 하는 생각을 합니다.

하지만 땅은 절대로 이유 없이 오르지는 않습니다. 분명한 이유가 있습니다. 주식도 마찬가지입니다. 조용하던 주식 차트가 갑자기 크게 상승한다면 무언가 이유가 있습니다. 아마도 회사에 큰 호재가 있을 것입니다. 신제품 개발 등으로 산업에 지각변동을 일으킬 만한 이슈 거리가 있어야 주식도 크게 오릅니다.

메마른 하늘에서 비가 갑자기 떨어지지 않습니다. 비가 오기 전에는 전조증상이 있습니다. 강렬한 태양이 내리쬐는 가운데 갑자기 비가 오는 경우는 매우 드물다는 말입니다. 먹구름이 몰려오고 바람이 불며 하늘이 흐려지는 증상부터 시작이 됩니다. 사람들은 이런 변화를 통해 비가 올 것이라고 예상합니다. 그래서 비를 맞지 않기 위해 우산을 준비하고 비옷을 준비합니다.

땅 투자도 마찬가지입니다. 비가 오기 전 전조증상이 있듯이 땅값이 오르기 전에도 반드시 전조증상이 나타납니다. 이 전조증상을 읽을 수 있어야 성공적인 투자를 할 수 있습니다. 이 전조증상이 투자 타이밍입니다. 투자 타이밍은 시간을 충분히 주지 않습니다. 아주 짧은 시간에 이루어집니다. 잠시 망설이다 보면 투자 타이밍을 놓칠 수 있습니다. 기회는 자주 오지 않기 때문에 왔을 때 과감하게 잡아야 합니다. 특히 개발 호재가 있는 지역에서의 단계별 투자 타이밍은 다음과 같습니다.

첫 번째 단계는 개발계획 발표 시점입니다. 땅을 매수할 시점입니다.

개발계획 발표를 하는 시점에서 향후 땅값이 오른다는 공식이 처음으로 적용됩니다. 이때는 향후 개발되는 곳에 도로가 새로 만들어지거나 도로가 확장될 주변의 땅을 사야 땅 가격이 오르고, 특히 개발지에서 가깝고 도로에 잘 접한 땅을 사야 나중에 매도하기 좋은 땅이 됩니다.

두 번째 단계는 공사 착공 시점입니다. 산 땅을 보유해야 하는 시점입니다.

개발지역에서 착공식을 하면 개발되는 과정에서 땅값이 서서히 오르기 시작합니다. 이 시점에는 수요보다는 공급이 많지만, 땅값 상승에 대한 기대심리가 있어 가격이 우상향하는 시점이고 투자자가 몰리는 현상이 나타나기도 합니다.

세 번째 단계는 완공 시점입니다. 이때는 팔아야 하는 시점입니다.

개발이 완료되는 시점에서는 서서히 실사용자 중심으로 재편됩니다. 이때는 땅값도 충분히 올랐기 때문에 적절한 시기에 땅을 팔고 수익실현을 하는 사람이 승리자가 됩니다. 그러나 이 시기에도 땅값이 계속 오를 것이라고 생각하는 사람들이 많습니다.

땅값이 더 오르는 경우도 간혹 있지만, 이때는 이미 가격이 충분히 오른 상태이기 때문에 아주 서서히 오르는 특징이 있습니다. 따라서 보유만 고집한다면 다른 투자를 할 수 있는 기회비용을 잃을 수 있으므로, 빠르게 매도하고 새로운 지역에 투자하는 것이 더 효과적일 수 있습니다. 만약 더 큰 수익을 얻기 위해 욕심을 부리면 매도할 시기를 영원히 놓칠 수도 있습니다. 특히 경기가 악화되면 매도하는 데 훨씬 더 큰 어려움을 겪을 수도 있습니다.

필자는 경험상 가급적 빠르게 매도하는 편입니다. 빠른 매도 타이밍을 위해 두 번째 단계인 공사 착공 단계의 초반에 매도하기도 합니다. 매도하기에 다소 이른 타이밍이긴 하지만 결코 손해를 보는 것은 아닙니다. 수익이 줄어들기는 해도 다른 투자를 할 수 있는 시간을 벌고, 더 큰 기회를 만들 수 있기 때문입니다. 매도는 세 번째 단계 전에 매도하는 것이 가장 좋은 타이밍이라고 생각합니다.

종합해보면 핵심적인 내용은 결국 매입과 매도 타이밍을 정확히 잡는 것입니다. 이를 위해 수많은 경험을 축적해야 하고, 그 경험을 바탕으로 분석하고 통계를 내야 하며, 투자자의 관점에서 가장 완벽한 매입 타이밍과 매도 타이밍을 찾아야 합니다.

쉬운 일은 아니지만, 결코 불가능한 일도 아닙니다. 모든 것은 하고자 하는 의지로부터 시작되고 정신력에 의해 결정됩니다.

토지에 투자할 때 고려해야 할 사항

땅에 투자하기 위해서는 땅을 찾는 연습을 통해 능력을 키워야 합니다. 그렇다면 투자 전에 어떤 점들을 고려해야 할까요?

첫째, 땅값이 상승할 수 있는 호재가 있는가?

땅을 투자용으로 구매하는 것이 목적이라면 반드시 고려해야 하는 것은 지역의 호재를 파악하는 것입니다. 호재가 없이는 절대로 땅값이 쉽게 오르지 않습니다. 호재란, 땅값이나 부동산 가치 상승에 긍정적인 영향을 주는 좋은 소식이나 개발계획을 의미합니다. 신도시 개발 아니면 산업단지 조성, 또는 소규모 도시개발 등 어떤 형태로든 개발이 이루어져야 땅의 수요가 늘어나고 땅값이 상승합니다. 다시 말하면 사용할 수 있는 땅이 줄어드는 것과 같습니다.

사용할 수 있는 땅이 많으면 땅값이 상승할 수 없습니다. 사용할 수 있는 땅이 줄어들어야 수요와 공급의 법칙에 따라 땅이 모자라게 되고 땅값이 상승할 수 있는 것입니다. 산업단지가 개발되면 기업이 이주해 오고, 기업은 일자리를 창출하게 됩니다. 일자리는 곧 근로자들이 정착해서 살 수 있는 주거 공간을 요구합니다. 이러한 주거 공간은 곧 땅을 개발하는 압력으로 작용해 개발이 가속화되고 땅의 매매가 활성화되는 메커니즘이 작동하게 됩니다. 따라서 개발 호재가 많은 지역에 투자해야 땅값이 상승하는 효과를 볼 수 있습니다.

둘째, 땅값을 싸게 매수할 방법이 있는가?

땅 투자에서 수익률은 얼마나 저가에 땅을 매입하느냐에 따라 결정됩니다. 땅값을 저가에 매입하려면 개발되기 전의 땅을 사야 합니다. 개발된 땅은 비쌀 수밖에 없습니다. 개발되기 전의 원형지를 매입하는 것이 가장 좋은 방법이지만, 이를 위해 개발이 언제 진행될지에 대한 정확한 정보가 필요합니다. 너무 일찍 매입하면 장기간 자금이 묶일 수 있고, 개발 발표 이후에는 땅값이 크게 올라 매입하기가 어려워집니다.

개발에 대한 이슈가 있기 전에는 분명히 지역 개발에 대한 전조증상이 나타납니다. 아무런 전조증상이 없이 언론에서 먼저 발표하지 않습니다. 대형 개발계획이 있다면 이미 사전 조사부터 시작해 다양한 소문들이 들리기 시작합니다. 이런 소문들이 가짜뉴스인지 진짜 뉴스인지 정확하게 파악해볼 필요가 있습니다. 절대로 흘려들어서는 안 됩니다. 지역 공인중개사무소와 토목측량사무실 그리고 동네에서 영향력이 있는 사람들의 이야기를 귀담아듣고 정보를 수집해야 합니다. 이런 노력은 정확한 판단을 내리는 데 도움이 되고 실제 투자에서도 유용하게 사용되기도 합니다. 특히 분명한 것은 개발계획 발표가 되기 전에 원형지를 저가에 매입해야 단기간에 시세차익을 올릴 수 있는 최고의 투자가 된다는 것입니다.

땅을 저가에 매입하는 또 다른 방법은 큰 면적의 땅을 사는 것입니다. 물건을 살 때 1개 사는 것과 100개 사는 경우 단가의 차이가 있습니다. 땅도 마찬가지입니다. 100평 사는 것보다 5,000평을 사는 평당 가격이 더 저렴할 수밖에 없습니다. 큰 땅을 매입한 뒤 작게 분할해 매도할 수도 있기 때문에 저가로 땅을 매입하려면 큰 면적의 땅을 사는 것도 좋은 방법입니다.

셋째, 땅의 가치를 높일 수 있는 방법이 있는가?

땅의 가치를 높이기 위한 다양한 방법들이 있습니다. 자세한 내용은 4장에서 다루겠지만 대략적인 방법은 다음과 같습니다.

1. 땅의 모양이 사용하기에 좋은 형태가 아니면 분필이나 합필을 통해 용도에 맞게 모양을 만듭니다.
2. 진입 도로와 땅의 높이가 맞지 않을 경우, 땅의 높이를 도로에 맞춰 차량 진입을 용이하게 하면 가치를 높일 수 있습니다. 도로보다 낮은 땅은 성토하고, 도로보다 높은 땅은 절토해서 땅을 활용하기 좋게 만듭니다.

3. 개발행위허가를 받아 토목과 건축인허가를 진행해 개발할 수 있는 땅으로 만든 후에 매도하면 높은 가격에 매도할 수 있습니다. 또한, 소비자들이 원하는 목적에 맞게 공장이나, 제조장, 창고시설 등을 건축해서 땅과 건물을 함께 매매하는 방법도 있습니다.
4. 농지를 매입했다면 조경수를 심어 수익을 창출하고 가치를 높일 수 있습니다. 조경수는 시간이 지나고 해가 바뀔수록 키가 자라면서 나무 자체 가격이 상승해 토지 가격까지 더 상승하기도 합니다.

넷째, 언제쯤 팔 수 있는가?

앞서 언급한 3가지는 스스로 결정할 수 있는 항목입니다. 호재가 있는 지역을 파악하고 저렴하게 살 수 있는 토지를 매입해서 가치 있는 땅으로 만드는 것까지 스스로 해낼 수 있습니다. 하지만 땅을 파는 능력은 다른 차원입니다. 땅을 사는 것은 누구나 할 수 있지만 원하는 시기에 팔 수 있는 사람은 거의 없습니다. 그래서 대부분의 경우 지역 공인중개사무소에 의뢰해놓고 기다리는 수밖에 없습니다.

그렇다고 너무 실망하지는 마십시오. 방법이 전혀 없는 것은 아닙니다. 필자의 저서 《오르는 땅은 이미 정해져 있다》를 보면 땅을 매입한 후 1년 안에 매도한 많은 사례가 담겨 있습니다. 심지어 원형지를 매입한 후 개발하지 않고 그대로 매도해서 1년 안에 2배의 시세차익을 남긴 사례도 많습니다.

결국 매도는 타이밍입니다. 욕심을 버려야 합니다. 땅은 개발 발표

전에 매입하고 개발 발표 후 가격 상승곡선에서 수익을 봤다면 빠르게 매도해야 합니다. 필자는 개발되기 전 원형지를 저렴하게 매입한 뒤, 상승곡선에서 1~2년 안에 수익이 발생하면 미련 없이 매도합니다. 하지만 많은 땅투자자들은 가격이 더 오를 여지가 있다고 판단하고 팔기를 거부합니다. 그것은 욕심입니다.

더 상승할 것이라고 생각하며 분명히 수익이 났음에도 불구하고 절대 팔지 않습니다. 이후 경기가 하강곡선으로 접어들고 경제가 어려워지면 그제야 팔려고 내놓지만, 경기가 꺾이면 5년 전 매입했던 가격 그대로 내놓아도 팔리지 않는 경우가 흔합니다. 참 아이러니한 일입니다. 단기간에 적당한 수익을 봤다면 빨리 팔고 또 다른 땅을 매입해 파는 회전율을 높이는 것이 중요합니다. 최고의 수익은 빠른 회전율에서 결정됩니다.

초보자가 절대 사면 안 되는 땅

초보자들은 이런 땅들을 가장 경계해야 합니다.

묘지

투자를 하다 보면 가끔 묘지가 있는 곳을 발견합니다. 토지의 지목은 여러 가지가 있는데 묘지라는 지목도 있습니다. 공동묘지나 가족묘지를 만들기 위해 묘지로 전용하는 경우가 있습니다. 우리나라에서 주로 묘지로 사용되는 땅은 임야입니다. 묘지는 긍정적인 이미지보다는 부정적인 이미지가 강합니다. 투자한 땅 주변에 묘지가 있으면 땅의 가치가 크게 하락할 수 있습니다. 특히 투자한 땅 안에 묘지가 있다면 매도하기가 더욱 어렵습니다. 이는 묘지가 죽음을 연상시켜 부정적인 인식을 강하게 불러일으키기 때문으로 보입니다.

베트남을 여행하다 보면 논에 묘지가 있는 경우를 흔히 볼 수 있습니다. 주택 근처나 농경지에 묘지를 만들기도 합니다. 그러나 우리나라에서는 논에 묘지가 있는 것을 본 적이 없습니다. 우리나라는 산지가 많아 산에 묘지를 조성하는 것이 일반적입니다. 토지 투자를 할 때 묘지가 있다면 어떻게 해야 할까요? 묘지가 있다고 해서 무조건 투자에서 제외하는 것이 능사는 아닙니다. 만약 해당 토지가 투자할 가치가 충분하다면 묘지를 어떻게 이전시킬 수 있을지 고민해야 합니다.

필자는 실제 투자 과정에서 묘지가 있는 땅의 매매계약을 여러 번 했습니다. 해결 방법으로는 계약서 작성 시 특약사항에 묘지를 이전시키는 조건을 넣으면 됩니다. 등기 전까지 묘지를 이전해야만 잔금을 치른다는 조건을 꼭 넣고 계약하면 됩니다. 하지만 초보자는 조심해야 합니다.

맹지

28가지 지목 중에 맹지라는 지목은 없습니다. 맹지는 주위가 모두 다른 사람 소유의 토지로 둘러싸여 도로에 접하는 부분이 전혀 없는 토지를 뜻합니다. 일반적으로 맹지는 쓸모가 없는 땅이라는 인식이 있는데, 이는 개발해서 사용하기가 어렵기 때문입니다.

맹지에 대해서는 투자자마다 의견의 차이가 있습니다. 맹지만 공략하는 사람도 있고 절대로 사지 말아야 한다는 사람도 있습니다. 저마다 투자하는 방식이 달라서 생기는 차이라고 생각합니다. 리스크가 크면

클수록 수익도 크기 때문에 맹지를 탈출하는 방법을 통해 가치를 높이는 토지 투자 고수도 있습니다. 그러나 토지 투자 초보자에게 이런 땅을 추천하기는 어렵습니다. 초보자는 땅을 볼 수 있는 안목이 없어 처음부터 맹지에 투자했다가는 자금이 묶이는 경우가 많기 때문입니다. 만약 맹지의 문제를 쉽게 해결할 수 있다면 땅 주인이 싸게 팔 이유가 없었을 것입니다. 맹지로 큰 수익을 기대했다가 쪽박을 찰 수도 있기 때문에 아무리 가격이 싸도 초보자들에게는 절대 추천하지 않습니다.

축사

개발되지 않은 원형지 투자에서 가장 흔히 볼 수 있는 것이 축사입니다. 평택, 용인, 안성 같은 도시에서도 조금만 시골로 들어가면 어김없이 축사를 발견할 수 있습니다. 축사는 주로 우사, 돈사, 양계장으로 우리나라에서 가장 많이 소비되는 가축을 키우는 시설입니다. 특히, 비가 오는 날에는 축사에서 나는 역한 냄새가 심해져, 전원주택지 주변에 축사가 있을 경우 민원이 자주 발생하기도 합니다.

토지 투자에서 축사는 경계 대상 1호입니다. 묘지를 이장하는 것은 당사자의 동의만 있다면 큰 문제가 없지만, 축사는 다른 곳으로 이전시키기가 매우 어렵습니다. 해당 마을에서 수십 년 동안 생업으로 이어온 일을 중단시킬 수도 없습니다. 냄새를 저감하는 장치나 약품처리로 어느 정도 줄일 수는 있지만 완벽히 없앨 수는 없습니다. 따라서 주변에 축사가 있는지, 그 규모는 어느 정도인지, 우사인지, 돈사인지 양계장인지, 그리고 매입할 토지와의 거리는 얼마나 떨어져 있는지 파악한 후 신중하게 접근해야 합니다.

입지가 아주 좋은 위치의 땅이라면 주변에 축사가 있더라도 매입을 고려할 수 있습니다. 해결 방법으로는 축사 운영자를 찾아가 이전이나 폐업계획이 있는지 확인해보는 것도 한 방법입니다. 요즘은 냄새로 인한 민원이 발생하면 축사 운영자에게 큰 벌금이 부과되기 때문에 축사를 마을이 없는 곳으로 이전하기도 합니다. 또한 주변에 개발이 시작되면 축사 주인이 보상을 받고 나가는 경우도 있어 의외로 문제가 쉽게 해결되기도 합니다. 이처럼 가치가 높은 땅이 축사 주변에 있다면 다양한 노력을 통해 해결해나가는 것도 좋은 투자의 사례가 될 수 있습니다. 축사가 있다고 해서 무조건 투자가 불가능한 것은 아닙니다.

혐오시설로 인식되는 장례식장, 쓰레기장, 교도소 주변

현장답사를 다니다 보면 혐오시설을 주변 곳곳에서 볼 수 있습니다. 축사, 장례식장, 고물상, 쓰레기처리시설 같은 혐오시설이 있으면 주변 땅값은 오르기가 어렵습니다. 이런 땅은 주변 시세보다 가격이 현저하게 저렴하지만 저렴하다고 해서 무턱대고 계약을 한다면 큰 낭패를 볼 수 있습니다. 이런 곳에 일반 투자자들은 들어오지 않습니다. 만약 해당 시설이 필요한 사람에게 되팔 수 있다면 매입해도 됩니다. 그러나 초보자에게 이런 땅은 호재가 아니라 악재가 될 가능성이 높기 때문에 혐오시설이 주변에 있다면 피해야 합니다.

송전탑이 위치한 땅

분묘나 축사는 이전할 가능성이 그래도 있지만, 송전탑은 한번 설치하면 30년 이상 그 자리에 있을 수밖에 없습니다. 민원을 넣어도 소용이 없습니다. 국가에서 설치한 시설이고, 마을에 꼭 있어야 할 시설이기에 누군가의 땅에는 반드시 송전탑이 설치될 수밖에 없습니다.

송전탑이 들어선 땅의 주인은 한국전력으로부터 임대수익을 받을 수 있지만, 땅의 가치는 크게 하락한다고 볼 수 있습니다. 또한 송전탑 주변은 전파의 영향이 있기 때문에 가능한 한 투자의 대상에서 제외하는 것이 바람직합니다.

개발제한구역

개발제한구역은 도시 주변 지역을 띠 모양으로 둘러싸는 형태를 이루고 있습니다. 개발제한구역 중 생산녹지는 농경·목축·임업·수산 등의 경제적 목적을 겸하고 있으며, 도시를 둘러싸고 있는 광활한 농장·유원지 임야 및 산지 등으로 이루어져 있습니다. 도시의 경관을 정비하고 환경을 보전하기 위해서 설정된 녹지대로, 그린벨트라고도 합니다.

그린벨트는 1971년 7월 30일 서울지역을 효시로 도시의 무질서한 확산을 방지하고, 도시 주변의 자연환경을 보전하기 위해 만들어졌습니다. 도시민의 생활환경을 확보하고 보안상 도시개발을 제한할 필요가 있다고 인정될 때는 도시 주변지역에 대한 개발제한구역을 지정하도록 도시계획법을 제정한 것입니다.

개발제한구역의 땅 투자는 땅을 잘 아는 사람들이 해야 하며 초보자들이 투자하기에는 너무 힘든 전문적인 지식이 요구되는 지역이라고 할 수 있습니다. 개발제한구역 내에서는 건축물의 신축·증축, 용도변경, 토지의 형질변경 및 토지 분할 등의 행위를 제한하고 있습니다. 그러나 국토교통부장관, 도지사, 시장, 군수, 구청장 등의 허가를 받아 구역설정 목적에 위배되지 않는 한도 내에서 일부 개발행위가 가능합니다.

개발제한구역은 지정된 지역에 따라 약간의 차이가 있으나 대체로 다음과 같은 몇 가지 공통된 목적이 있습니다.

1. 도시로의 인구집중을 억제해 도시 과대화를 방지합니다.
2. 녹지대의 형성, 자연 풍치의 환경 조성 및 보호, 상수도 수원 보호, 오픈스페이스(Open Space) 확보, 비옥한 농경지의 영구 보전 등을 통해 자연환경을 보전합니다.
3. 대도시 공해 문제가 심화되는 것을 방지합니다.
4. 위성도시의 무질서한 개발과 중심도시와 연계화되는 것을 방지합니다.
5. 안보상의 저해 요인을 제거하고 중요시설물을 보호합니다.

개발제한구역은 결과적으로 무질서한 개발을 제한하는 목적으로 만들었다고 볼 수 있습니다. 요즘은 정부에서 개발제한구역을 풀어주는 입법을 추진하고 있습니다. 개발제한으로 묶여 있던 도심 속 토지들이 꿈틀거리고 있는 것은 사실이지만, 초보자가 상대하기에는 너무 벅찬 대상이기 때문에 조심스럽게 접근해야 합니다.

임업용 산지 & 공익용 산지 & 농업진흥구역

임업용 산지 : 산림자원의 조성과 임업경영기반의 구축 등 임업생산 기능의 증진을 위해 필요한 산지

공익용 산지 : 임업생산과 함께 재해 방지, 수원 보호, 자연생태계 보전, 산지 경관 보전, 국민보건휴양 증진 등의 공익 기능을 위해 필요한 산지

농업진흥구역 : 농업의 진흥을 도모하기 위해 농지조성사업 또는 농업기반정비사업이 시행되었거나 시행 중인 지역. 농업용으로 이용하고 있거나 이용할 토지가 집단화되어 있는 지역 또는 그 밖의 지역으로서 농업용으로 이용하고 있는 토지가 집단화되어 있는 지역으로 농업지대별 규모(평야지는 10ha 이상, 중간지는 7ha 이상, 산간지는 3ha 이상)로 농지가 집단화되어 농업 목적으로 이용할 필요가 있는 지역

임야는 지목 종류 중 하나로 산림이나 들판을 이루는 숲, 습지, 죽림지, 황무지, 간석지, 사지 등의 땅을 통틀어서 일컫는 것입니다. 대표적으로 주변에서 흔히 볼 수 있는 산이 임야에 속합니다. 건축목적으로 임야를 구입 시에 임야는 보전산지와 준보전산지로 나누어진다는 것을 유의해야 합니다.

보전산지는 다시 임업용 산지와 공익용 산지로 구분됩니다. 임업용 산지는 임업 생산을 목적으로 하기 때문에 투자에 적합하지 않습니다.

공익용 산지는 재해방지, 자연보전을 목적으로 하기에 투자에 적합하지 않습니다. 즉 공익용산지와 보전산지는 모두 투자에 적합하지 않습니다.

준보전산지는 보전산지 이외의 모든 산지를 말합니다. 준보전산지는 '국토 계획 및 이용에 관한 법률'에 적용을 받아 주택이나, 창고, 공장 같은 개발행위허가를 신청할 수 있기에 투자하기 적합한 토지라고 할 수 있습니다.

임야를 개발하기 위해서는 경사도와 임목 축척을 조사해야 합니다. 해당 임야의 나무 종류와 수량 등을 조사해서 기준에 맞아야 개발행위허가가 나온다는 사실을 잘 알고 매입해야 합니다. 토지 초보자가 임야를 매입할 때는 반드시 임야를 전문적으로 다루는 전문가의 조언을 받아서 투자합니다. 그리고 목적하는 개발행위허가가 가능한지 반드시 해당 지자체와 토목측량업체에도 문의해서 진행해야 합니다.

농업진흥구역 토지는 오로지 농사만 짓기 위해 경지정리를 통해 반듯한 모양으로 조성된 토지로 일반 주택이나, 음식점, 카페, 상가, 사무실 같은 근린생활시설의 건축이 제한되어 있습니다. 오로지 벼농사를 짓기 위해 만든 토지로서 초보자가 투자 대상으로 매입하기에는 적절하지 않은 토지라고 할 수 있습니다.

공유되어 있는 땅

기획 부동산 회사가 전형적으로 사용하는 방법 중 토지를 공유로 매입하는 방식이 있습니다. 토지 한 필지를 다수의 사람이 공동으로 매입하는 방식입니다. 땅을 잘 모르는 사람들을 상대로 사기 치기 좋은 수법입니다. 일반적으로 땅을 내 이름으로 매입하고 등기를 하면 소유권이 내 이름으로 되어 있기 때문에 내 마음대로 사용할 수 있습니다. 그러나 땅을 공유로 사게 되면 내 마음대로 할 수가 없습니다. 공유로 되어 있는 모든 지주의 동의를 받아야 하기 때문입니다.

· 내가 원하는 개발행위를 할 수 없습니다.
· 내가 원하는 시기에 팔 수도 없습니다.
· 내가 원하는 금액에 팔 수도 없습니다.
· 내가 가진 지분만큼의 땅을 분할하려고 해도 다수의 동의를 구해야 합니다.

이렇게 여러 사람과 공유해서 매입하면 내 의도와는 정반대로 흘러가기 때문에 초보자가 모르는 사람과 공유해서 땅을 사게 되면 결국 사달이 납니다. 따라서 땅은 절대로 모르는 사람과 공유해서 매입해서는 안 됩니다.

군사보호시설

군사시설 및 군사지역으로 지정된 곳은 외부인 거주 및 개발이 불가능합니다. 군 장병의 관사 및 생활관 목적으로 된 주택 이외의 외부인 주거지는 개발할 수 없으며 상업, 농사, 휴양, 교육, 체육 등의 활동도 할 수 없습니다. 또한 군부대 영외 훈련장, 사격장, 전투 실전 목적으로 한 훈련시설 등이 있거나 근거리에 있는 지역 또한 군사보호구역으로 제한되어 외부인의 출입 및 개발이 금지되므로 투자에 적합하지 않습니다.

반드시
잡아야 하는 땅

땅값은 시간이 지날수록 꾸준히 오르는 특징이 있습니다. 지금 당신이 살고 있는 땅, 또는 현재 밟고 있는 땅값이 과연 30년 전에는 얼마였을까요? 지금 당장 공인중개사무소나 어릴 때부터 지금까지 살고 계시는 동네 어른들에게 물어보세요. 땅값은 지속적으로 오를 수밖에 없는 메커니즘을 가지고 있습니다. 수요와 공급의 법칙에 의해 개발지 주변의 땅은 개발 가능한 면적이 제한되어 있어 공급이 한정적이기 때문에 가격이 상승할 수밖에 없습니다. 하지만 그중에서도 더 많이 오르고 덜 오르는 땅은 구분되어 있습니다. 그렇다면 어떤 땅이 더 많이 오를 수 있는 땅일까요?

고속도로IC가 만들어지는 주변 땅

서울세종고속도로가 2024년 12월 개통했습니다. 이미 경부고속도로 안성IC와 중부고속도로 일죽IC를 품고 있는 안성에, 도심을 관통하는 서울세종고속도로 안성맞춤IC가 추가로 개통되었습니다. 5년 전만 해도 이 지역의 땅값은 아주 저렴했습니다. 필자는 고속도로 안성맞춤IC가 개통될 주변에서 여러 필지의 땅을 매입하고 매도했기 때문에 지가의 변동을 직접 경험할 수 있었습니다.

고속도로IC는 마치 닫혀 있던 문을 열어주는 것과 같은 역할을 합니다. 문이 없다면 누구도 나갈 수가 없습니다. 그러나 문을 만들어주면 갇혀 있던 모든 것들이 통로를 통해 밖으로 나갈 수 있습니다. 이 통로는 곧 유동성을 의미하는 것이고, 유동성이 많으면 많을수록 실사용자들의 개발 필요성이 높아지는 것입니다.

그래서 고속도로가 개통되고 IC가 생기면 실사용자들이 땅을 찾기 시작하고 IC 반경 5㎞ 이내 지역으로 창고나, 공장, 제조장 같은 시설들이 들어서기 시작합니다. 고속도로는 신호등이 없기 때문에 차량이 원활히 이동할 수 있는 양탄자를 깔아놓은 것과 같습니다. 신호 없이 고속도로를 이용하면 시간이 단축되어 물류의 흐름이 원활해지기 때문에 기업들은 IC가 가까운 곳에 사업장을 만들려고 하고, 이런 수요는 주변의 땅값을 상승시킵니다.

고속도로IC가 개통하기 전, 수요가 몰려오기 전에 땅 투자를 해야 합니다. 이러한 지역은 가격이 오르기로 예약된 땅을 사는 것과 같습니다.

대형 산업단지가 만들어지는 주변 땅

산업단지가 조성되면 어떤 변화가 일어날까요? 필자는 평택고덕국제신도시가 개발되기 전부터 평택에 거주하고 있었습니다. 평택고덕국제신도시가 조성되면서 삼성전자 120만 평이 가장 먼저 개발되었습니다. 삼성전자 반도체공장이 들어오기 전에는 한산했던 1번 국도가 현재는 아침마다 출근 전쟁으로 몸살을 앓고 있습니다. 우리 회사 한 직원은 출근길에 삼성전자 반도체공장을 가로질러 와야 하는데, 평소 15분 걸리던 거리가 아침 시간에는 40분이 넘게 걸릴 때도 있습니다. 이처럼 산업단지가 조성되면 자동차 통행량이 급격히 늘어나 교통체증을 피할 수 없습니다.

차량은 도로를 통해 이동하며, 산업단지로 들어가는 도로는 제한적입니다. 기존 도로는 확장하고, 새로운 도로를 개설해서 차량의 흐름을 원활하게 만들려 하지만, 넘쳐나는 차량 유동성을 통제하기는 어렵습니다. 이렇게 차량이 많다는 것은 회사로 출퇴근하는 직원들이 많다는 것을 의미합니다.

사람이 많아지면 주거와 생활 공간에 대한 수요가 폭발적으로 증가합니다. 이러한 수요는 곧 토지 개발 압력으로 작용하게 됩니다. 이로 인해 산업단지 주변의 제한된 토지가 거래되며 개발의 수요가 많아질수록 땅값은 더욱 상승하게 됩니다.

앞서 언급한 내용은 필자가 평택에 살면서 직접 경험한 실제 현상입니다. 대형 산업단지가 조성되면 그 주변 땅값은 시간이 지날수록 상승하게 되어 있습니다. 산업단지가 만들어지기 전에 산업단지 주변의 땅을 미리 매입하는 것은 오르는 땅으로 결정되어 있는 땅에 투자하는 것과 같습니다.

역세권과 신도시가 만들어지는 주변 땅

역세권과 신도시가 조성되는 주변 땅은 굳이 말하지 않아도 땅값이 오르는 것이 자명합니다. 매입 타이밍이 중요합니다. 신도시가 만들어지고 난 후에는 주변의 땅값이 이미 오른 상태이기 때문에 당분간 땅값이 크게 오르지는 않습니다. 한번 상승한 땅값은 기대심리로 인해 쉽게 하락하지 않습니다. 신도시에 대한 눈높이가 높아졌기 때문에 한번 오른 땅값은 떨어지지도 오르지도 않는 답보상태로 상당히 오랜 기간 머물게 됩니다.

그렇다면 신도시 주변의 땅은 언제 매수하는 것이 좋을까요? 누구나 예상하듯이 신도시가 착공되기 전입니다. 신도시는 개발계획 발표 후 약 5~10년 뒤에 개발이 시작됩니다. 신도시 개발계획 발표 직후에는 호재로 인해 땅값이 급격히 오르지만, 시간이 지나면서 개발이 늦어진다는 사실에 땅값은 조금씩 하락합니다.

역세권이나 신도시가 조성될 주변 땅은 착공하기 2년 전부터 주의 깊게 관찰해야 합니다. 매입 타이밍을 절대로 놓쳐서는 안 됩니다. 착공하기 전이 가장 매입하기 좋은 타이밍입니다. 그리고 이때가 단기간에 가장 많이 오르는 땅이 되는 시기이기도 합니다. 이런 땅은 2년 안에 땅값이 2배 이상 올라가는 특징이 있습니다. 필자의 저서 《오르는 땅은 이미 정해져 있다》에 소개된 많은 사례는 신도시나 산업단지가 만들어지기 전에 사서 1년 안에 되팔았던 경험으로, 이런 사실을 증명해주고 있습니다.

앞에서 언급한 세 종류의 개발지역은 토지 투자자라면 반드시 주목해야 하는 땅입니다. 기회는 자주 오지 않습니다. 미리 공부하고 연구해서 토지의 흐름을 철저하게 분석하면, 토지 투자의 성공자가 될 수 있습니다.

좋은 땅을 찾는 핵심 방법

좋은 땅을 찾기 위해 투자자들은 다양한 노력을 합니다. 직접 현지를 방문해 현장답사를 하거나, 공인중개사무소를 방문해 매물을 확인하기도 합니다. 또한 온라인에 등록된 부동산 매물을 검색해보기도 하고, 경매를 통해 저렴한 가격에 매수할 수 있는 물건을 찾아보기도 합니다.

필자가 토지를 매입하는 방법은 해당 지역의 원주민을 만나거나 그 지역에서 영향력 있는 공인중개사를 찾아가는 것에서 시작됩니다. 중요한 점은 처음부터 좋은 물건을 바로 구해달라고 요청하기보다는, 자주 방문하면서 깊은 신뢰를 쌓는 것이 필요합니다. 이처럼 신뢰를 기반으로 여러 사람을 만나 이야기를 나누다 보면 정말 좋은 물건을 구하게 됩니다.

대부분의 투자자가 좋은 물건을 구하기가 어려운 이유 중 하나는 가장 기본적인 부분을 소홀히 하고 있기 때문일 수 있습니다. 좋은 땅을 구하려고 한다면 시간이 필요합니다. 특히, 현지에서 공인중개사무소를 통해 물건을 구하려고 한다면 인내심을 가지고 인간관계부터 쌓아야 그들의 마음을 열 수 있고, 공인중개사무소에서 감춰놓은 좋은 물건도 소개받을 수 있습니다.

현지의 공인중개사들이 처음 본 사람들에게 쉽게 마음을 열지 않거나 아껴둔 좋은 물건을 쉽게 공개하지 않는 데는 이유가 있습니다. 그 이유가 무엇일까요? 현지 공인중개사들은 '처음 본 사람이든 오래 본 사람이든 물건을 소개하고 거래가 성사되면 수수료만 챙기면 되는 것이 아니냐?'라는 생각을 할 수도 있지만 그렇게 단순하지 않습니다. 처음 본 투자자보다는 신뢰할 수 있는 투자자에게 물건을 보여줘야 비밀이 보장될 수 있습니다. 더구나 땅에 대한 지식이 부족한 사람들에게 아무리 좋은 물건을 소개하더라도 매매로 이어지지 않기 때문에 공인중개사는 물건을 보여주길 꺼려 합니다.

초보자는 좋은 땅인지 나쁜 땅인지 땅을 보는 눈이 없기 때문에 이른바 물건에 대해 여러 번 확인하는 과정을 거치게 됩니다. 예를 들어 한 공인중개사에서 소개받은 물건을 다른 공인중개사무소에 가서 물어보면 좋은 물건의 정보가 현지 공인중개사들 사이에 퍼지게 됩니다. 이렇게 되면 다른 공인중개사가 토지 주인에게 접근해 더 높은 가격으로 팔아줄 수 있다고 부추기는 상황이 발생합니다. 그 결과 최초로 물건을 가지고 있던 공인중개사가 피해를 보게 됩니다. 이러한 이유로 확실히 좋은 가격에 판매할 수 있는 토지는 처음 온 손님에게는 잘 보여주지 않습니다.

현지에서 영향력 있는 공인중개사무소를 지속적이고 반복적으로 방문해 인간관계를 쌓는 것이 우선입니다. 이러한 신뢰가 지속되면 좋은 물건이 나왔을 때 공인중개사무소에서는 제일 먼저 당신을 기억하고 찾게 될 것입니다. 이것이 부동산 시장의 원리입니다.

그렇다면 현지의 공인중개사들과 신뢰를 쌓아가려면 어떻게 해야 할까요?

첫째, 자신의 모든 것을 솔직하게 말할 수 있어야 합니다.

자신이 현재 어느 지역에 거주하고 있는지, 부동산 투자를 어떻게 시작하게 되었는지에 대해 진솔하게 이야기하다 보면 상대방의 마음이 열리게 됩니다. 또한 자신이 가지고 있는 투자금은 얼마나 되고, 어떤 유형의 투자를 원하는지 상세하게 말해줘야 합니다. 오래 묵혀놓을 원형지를 찾고 있는지, 당장 건축해야 할 택지를 찾고 있는지, 노후에 집을 짓고 살 전원주택지를 찾고 있는지 명확히 알려줘야 공인중개사가 그에 맞는 물건을 소개할 수 있습니다. 이러한 이야기를 이어가다 보면 개인적인 이야기를 나눌 수 있는 기회도 생기며, 이를 통해 더욱 깊은 신뢰를 쌓을 수 있습니다.

둘째, 정기적으로 방문합니다.

투자자들이 자주 저지르는 실수가 있습니다. 단 한 번 방문으로 결과를 얻으려고 하는 것입니다. 대부분의 투자자는 한두 번 방문하다가 지쳐서 포기하고 맙니다. 실제로 현장답사는 생각만큼 쉽지 않다는 사실을 몇 달간 다녀보면 실감하게 됩니다. 주말에 쉬지도 못하고 지방으로 차를 몰고 가서 물건을 보고, 상담하며 돌아다니는 과정은 결코 쉬운 일이 아닙니다. 게다가 여러 물건을 살펴보더라도 토지의 다양성으로 인해 땅을 보는 안목을 기르기가 쉽지 않습니다. 이는 토지의 특성을 이해하는 데 있어 가장 큰 어려움입니다.

쉽다면 누구나 할 수 있습니다. 어렵기 때문에 가치가 있는 것입니다. 땅을 사는 데 어떻게 한두 번 방문하고 포기할 수 있단 말입니까? 몇천만 원도 아닌 몇억 원의 땅을 사는데 한두 번 방문해서 땅을 사려고 하는 투자자는 그 마인드를 의심받을 수밖에 없습니다. 정말 좋은 땅을 사고 싶다면 최소 10번만 정기적으로 방문해보십시오. 그 10번의 방문은 현지 공인중개사무소 소장님들의 마음에 감동을 줄 것입니다. 정기적인 방문은 신뢰를 쌓는 기초이자 좋은 물건을 찾는 첫 번째 지름길입니다.

셋째, 전화통화를 자주 합니다.

이렇게 자신의 모든 상황을 솔직하게 이야기하고 주기적으로 방문을 했다면 어느 정도 신뢰가 쌓였다고 볼 수 있습니다. 이제 일주일에 한 번이나 한 달에 두 번 정도 방문하는 사이가 되었다면 방문하지 않는 기간에도 전화통화를 통해 투자 지역의 새로운 소식을 꾸준히 파악하는 것이 중요합니다. 개발이 진행 중인 지역의 공인중개사무소에는 호재와 관련된 새로운 소식으로 인해 토지의 지가가 상승하기 때문에 가만히 앉아서 넋 놓고 기다리면 안 됩니다. 현지인과 수시로 통화하며 정보를 주고받으면 더욱 신뢰가 쌓이고 급매 물건이 나오는 경우에도 빠르게 대응할 수 있기 때문에 자주 통화하는 것은 좋은 물건을 구하는 데 있어 기본 중의 기본이 되는 것입니다.

한 사례를 소개하자면 필자에게 자주 연락하던 한 투자자가 있었는데 때마침 좋은 물건이 나온 당일에 전화가 와서 바로 구해드린 사례가 있었습니다. 만약 그날 전화통화를 하지 않았다면 아마도 그 물건은 다른 사람에게 넘어갔을 것입니다. 이처럼 현지 공인중개사와 자주 통화하는 것은 신뢰를 쌓는 데 도움이 될 뿐만 아니라 좋은 물건을 구할 수 있는 기회도 제공하는 일거양득의 효과를 가져옵니다.

넷째, 격식을 갖추고 빈손으로 방문하지 않습니다.

사람이 동물과 다른 점이 있다면 인격과 예의가 있다는 것입니다. 격이 있는 사람은 상대방을 존중하는 태도에서 그 품격이 드러납니다. 투자에서도 마찬가지입니다. 내적인 진실함과 성실함이 중요하지만, 외적으로 드러나는 모습 또한 투자자 입장에서는 매우 중요합니다.

필자가 알고 있는 한 공인중개사는 고급 차를 타고 정갈한 옷차림을 한 손님이 오면 보자마자 밖으로 마중을 나갑니다. 반면 허름해보이는 손님이 오면 제대로 응대하지 않습니다. 이처럼 외적으로 보이는 부분도 무시할 수 없습니다.

저 역시 처음 공인중개사무소를 방문할 때는 정장을 입고 좋은 차를 타고 갑니다. 굳이 자신이 '이런 사람이고 저런 사람이다'라고 설명하지 않아도, 외모와 행색에서 신뢰감을 주고 함부로 대할 수 없다는 인상을 심어줄 수 있기 때문입니다.

또한 빵과 음료수를 사들고 방문하면 금세 친해질 수 있으며, 방문한 목적을 명확히 전달하면 짧은 시간 안에 신뢰를 쌓을 수 있습니다.

특히 처음 방문하는 곳이라면 간단한 간식거리를 챙겨가는 것이 좋습니다. 빈손으로 가는 것보다는 함께 나눌 수 있는 빵과 음료수를 준비하는 것이 대화를 시작하는 촉매제가 됩니다. 큰돈을 들이지 않고도 상대방의 마음을 여는 효과적인 방법입니다.

《성경》에도 '은밀한 선물은 노를 쉬게 하고 품 안의 뇌물은 맹렬한 분을 그치게 한다'라고 되어 있습니다. 이처럼 선물은 노를 쉬게 할 정도로 사람의 마음을 풀어주는 효과가 있습니다.

정말로 땅 투자를 할 사람이라면, 음료수와 빵 같은 작은 선물이 수억 원의 투자 수익을 거두는 밑거름이 될 것입니다. 밥값과 커피값을 아껴서 부자가 된 사람은 없습니다. 이러한 작은 배려가 좋은 물건을 구하는 첫걸음이 됩니다.

투자자가 반드시 알아야 하는 현장답사 방법

현장답사를 하기 위해서는 철저한 준비가 필요합니다. 미리 준비하지 않으면 시간을 효율적으로 활용할 수 없습니다. 모든 것이 현장에서 발굴되기 때문에 현장답사만큼 확실한 정보는 없습니다. 직접 눈으로 확인해야 하는 현장도 있으며, 지도나 로드맵으로 확인이 불가능한 곳도 있습니다.

인터넷 지도로 동선 확인

필자는 출발하기 전 현장답사를 해야 할 땅의 주변을 인터넷 지도로 미리 검색해서 중심도시 및 개발지에서 얼마나 떨어져 있는지 거리와 시간을 미리 점검합니다. 그리고 답사지 주변의 개발 상황들을 지도를 통해 한눈에 확인합니다. 주변 산업단지 현황, 도심지 주거분포도, 국지도 및 시도 같은 도로 현황도 일일이 점검합니다. 그리고 차량의 동선까지 점검하면 직접 방문하지 않아도 향후 매입할 땅의 미래가 어느 정도 그려집니다.

지적도 확인

인터넷 지도로 전체적인 동선이나 주변 상황을 파악했다면 그다음으로는 반드시 지적도를 확인해야 합니다. 지적도를 통해서 현장답사를 할 땅의 용도지역, 용도구역, 지목 같은 토지의 기본정보를 확인합니다. 특히 땅과 붙어 있는 도로가 공도인지 사도인지, 구거인지 시유지인지 지적도를 통해서 반드시 확인해야 합니다.

이렇게 확인하는 이유는 향후 땅을 매입할 경우 개발행위허가를 받을 수 있는지 판단하기 위함입니다. 실제로 지적도에 도로가 표시되어 있지 않더라도 현황도로가 있다면 소유자의 동의를 받아 허가를 받을 수도 있습니다.

장화, 장갑, 긴 옷, 낫

현장답사를 하다 보면 예상하지 못한 험난한 현장답사를 하게 될 때도 있습니다. 도심과 가까운 전이나 답 같은 농지는 비교적 깔끔한 답사가 가능합니다. 그러나 임야를 현장답사하다 보면, 길도 없는 산으로 들어가야 하는 경우도 생깁니다. 준비 없이 답사를 가면 낭패를 볼 수 있습니다. 필자도 초보 시절 정장 차림으로 답사를 갔다가 구두는 진흙 속에 빠지고 양복은 가시나무에 긁혀 낭패를 본 경험이 있습니다.

산으로 현장답사를 갈 때는 철저한 준비가 필요합니다. 여름철에는 산모기에 물리는 일이 흔하기 때문에 긴 토시를 착용하는 것이 유용합니다. 또한, 모기 기피제를 사용하면 모기를 예방하는 데 도움이 됩니다. 수풀을 헤치고 가야 할 때는 낫을 들고 가면 좋습니다. 때로는 나무와 칡넝쿨을 잘라내며 길을 만들어야 할 상황이 생길 수 있기 때문입니다.

이처럼 현장답사는 지도에서 보는 것과는 확연하게 차이가 납니다. 철저히 준비하는 것만큼 확실한 것은 없습니다. 반드시 사전에 꼭 준비하시길 바랍니다. 또한, 음료수도 챙기시길 바랍니다. 산에서 마시는 음료수는 꿀보다 더 달게 느껴질 것입니다.

현장 지역주민, 지역 공인중개사무소 활용

이 부분은 앞 장 '좋은 땅을 찾는 핵심 비결'에서도 다루었던 내용이지만, 다시 강조해도 결코 지나치지 않습니다. 현장에서의 행동 하나하나가 곧 정보의 질과 직결되며, 이것이 바로 현장답사의 하이라이트입니다. 모든 정보는 현장에 있습니다. 특히, 현지 동네 주민을 만나면 땅에 대한 많은 정보를 들을 수 있습니다. 시골 주민들은 대체로 순박한 성향을 가지고 있기 때문에 현장에 갈 때 동네 주민들에게 드릴 음료수를 미리 준비하면 더욱 환영받을 수 있습니다. 빈손으로 가서 정보를 얻으려고 하면 오히려 의심을 살 수밖에 없습니다.

얼마 전 당진으로 현장답사를 갔을 때 이야기입니다. 동네 아주머니께 홍삼 진액 선물세트를 드렸더니, 금세 화기애애한 분위기가 형성되었습니다. 그 덕분에 매물로 나온 땅에 대한 정보는 물론, 동네 주민들의 상황과 주변 호재에 대한 이야기까지 들을 수 있었습니다. 특히, 마을 앞쪽으로 2차선 도로가 다음 해에 개설된다는 아주 귀중한 정보도 얻을 수 있었습니다.

이처럼 작은 선물은 상대방의 마음을 열 수 있습니다. 만약 단순히 현장만 둘러보고 왔다면 이런 고급 정보를 얻을 수 없었을 것입니다. 감사한 마음에 아주머니가 텃밭에서 직접 농사지은 고구마 3박스를 구매했습니다. 아주머니는 연신 고맙다고 인사를 하셨습니다. 단 한 번의 만남이었지만, 다음에 다시 만나면 반갑게 웃으며 인사를 나눌 수 있는 사이가 되었습니다. 다음에 만날 때는 더욱 반가운 얼굴로 만날 수 있을 것 같습니다. 이처럼 동네 주민을 내 편으로 만들 수 있다면, 이는 현장답사에서 가장 성공적인 사례가 될 것입니다. 이를 통해 현지의 모든 상황을 더욱 완벽하게 파악할 수 있었기 때문입니다.

돌아오는 길에 공인중개사무소에 들러 도시 주변 상황과 향후 개발 예정 계획에 대한 이야기를 들을 수 있었습니다. 공인중개사무소를 방문할 때도 빈손으로 가지 않고 차에 실어둔 음료수 한 박스를 가지고 갔더니 대화가 한결 부드러웠습니다. 무시당하지 않고 대접받으며 상담할 수 있는 비결은 상대방을 존중하는 태도에 있습니다. 그리고 그

존중은 작은 성의로도 충분히 표현될 수 있습니다.

이처럼 현장답사는 철저히 준비된 상태에서 진행해야 하며, 사소한 존중과 배려는 예상하지 못한 좋은 결과를 가져올 수 있습니다.

100곳의 땅을 사면 100곳이 모두 오르는 곳

100곳의 땅을 사면 100곳 모두가 오르는 곳, 과연 있을까요? 정답을 알려드리면 그런 곳이 있습니다. 과거에도 있었고, 현재도 있으며, 미래에도 존재합니다. 다시 거듭해서 말씀드리지만 확실하게 그런 곳이 있습니다. 필자는 이런 곳에 투자해서 단 한 번도 손해를 보고 판 적이 없습니다. 이른바 100개의 땅을 사서 100개를 팔 때, 100개의 땅이 모두 오르는 지역을 선택했기 때문입니다. 이러한 사실은 과거 데이터를 통해 충분히 증명할 수 있습니다.

2015년 평택고덕국제신도시의 삼성전자 반도체공장이 기공식을 하기 전에는 공장 주변 지제동이나 방축리의 땅값이 그리 높지 않았습니다. 당시에 현장답사를 통해 확인한 거래가격은 용도지역에 따라 차이가 있었으나, 대략 평당 60만 원에서 150만 원 사이였습니다.

2015년 5월 삼성전자 반도체공장이 기공식을 한 이후 공장 주변의 땅값은 상상 이상으로 급등했습니다. 현재는 첨단복합산업단지와 지제역세권 콤팩트시티의 개발로 수용 대상 지역이 되었으며, 수용 가격 또한 2015년 당시 땅값보다 몇 배나 뛰었습니다.

이처럼 오르기로 결정된 땅은 바로 개발지역 주변의 땅입니다. 100곳의 땅을 사면 100곳 모두가 오른다는 땅은 엄청난 수요를 품고 있는 지역입니다. 10년 동안 오른 것보다 단 1년 만에 더 많이 오른 땅이 있는 곳도 바로 이런 지역입니다. 이런 지역에서는 100곳이 아니라 1,000곳의 땅을 사도 1,000곳 모두가 오르기로 약속되어 있습니다. 이미 오르기로 약속된 이런 지역은 그 어떤 땅을 사더라도 가격이 절대로 떨어질 수 없습니다.

평택 삼성전자 인근의 원룸(다가구주택) 건축이 가능한 땅이 2015년 이전에는 평당 100~200만 원 선이었지만 지금은 평당 400~600만 원 정도 합니다. 개발이 이루어지는 지역은 주변 땅값 전체를 올려놓습니다. 이러한 지역에 편승해 땅에 투자하면 땅값은 자동으로 올라갑니다. 투자한 뒤, 시간이 지나기만 해도 땅값이 오르는 놀라운 현상이 나타납니다.

이렇게 대형 호재와 급격한 개발이 이루어지는 지역에 선투자하면, 땅값이 오르는 것은 명백한 사실입니다. 땅 투자의 가장 큰 장점은 기다리기만 해도 된다는 것입니다. 시간이 지나면서 사놓은 땅의 가치는 알아서 올라갑니다. 추가로 좋은 땅을 매수하지 않아도 이미 투자한 땅들은 개발에 따라 점점 더 값이 올라갑니다. 내가 친구를 만나거나, 해외여행을 할 때도, 몸이 아프거나, 다른 일로 신경을 못 쓰고 있을 때도, 개발지 주변에 사둔 내 땅값은 개발이 진행될수록 자동으로 상승합니다.

개발지 주변의 땅은 시간이 지나면서 개발계획에 따라 공사가 시작되고, 도로가 개설되며, 허허벌판이었던 곳에 다양한 상가가 만들어집니다. 이후 사람들이 몰려들기 시작하면 내가 사놓았던 원형지 땅값은 천정부지로 상승하는 것이 일반적인 패턴입니다.

이런 대형 호재가 있는 개발지역에 투자하려면 기존 토지 투자의 개념을 깨는 사고방식이 필요합니다. 토지를 보는 안목이 있어야 하고 투자 타이밍을 정확히 꿰뚫어 볼 수 있는 통찰력이 필요합니다.

이런 능력이야말로 100곳의 땅을 사면 100곳 모두가 오르는 땅을 만드는 비결입니다. 이런 지역은 지금도 여전히 존재합니다. 성공적인 투자는 바로 이런 지역을 찾아내서 실행해야 가능합니다.

58억 땅을 찾아낸 이야기

경제가 불황일 때 기회가 찾아온다고 말합니다. 저 역시 동감합니다. 호황일 때는 땅 가격이 절대 저렴하게 나오지 않습니다. 불황이 되어야 결국 땅 가격이 떨어집니다. 최근 경매를 통해 땅을 많이 매입하는데 감정가 대비 30% 수준의 땅들도 많이 나오고 있습니다. 다만, 경매는 권리관계가 복잡한 특수물건들이 많아 조심해야 합니다. 하지만 좋은 땅을 골라낼 수 있는 실력을 갖췄다면 큰 문제가 되지 않습니다. 경매로 싸게 매입한 뒤 시세보다 약간 낮은 가격으로 매도한다면 충분히 출구전략을 확보할 수 있습니다. 경제가 어려운 시기일수록 이런 기회를 잘 활용해야 진정한 실력자가 될 수 있습니다.

경제 상황이 좋지 않은 시기에 58억 원으로 큰 땅을 좋은 조건에 매입한 사례를 소개합니다. 땅을 찾다 보면 놓치고 싶지 않은 땅이 있습니다. 바로 '이곳은 뭘 해도 되는 땅이다'라고 확신할 수 있는 땅이 그런 땅입니다. 입지가 좋고, 모양이 좋으며, 주변 환경까지 좋은 이런 땅은 매우 비싸다는 공통점이 있습니다. 결국 얼마나 저렴하게 매입하느냐가 수익을 결정짓는 요인이 됩니다.

평소 친하게 지내던 지인에게 연락이 왔습니다.

"대표님! 평택 진위면 1번 국도에 딱 붙어 있는 땅이 매물로 나왔습니다. 땅 면적이 좀 크긴 하지만 향후 종상향이 예상되는 지역이라 괜찮은 것 같습니다. 요즘같이 어려운 시기에 이 땅을 살 사람은 대표님밖에 없다고 생각해서 연락드렸습니다."

"아, 그래요. 매물에 대한 정보를 문자로 주세요. 제가 확인해보고 연락드리겠습니다."

불경기 때 필자는 땅을 많이 매입합니다. 그 이유는 가격이 저렴하게 나오기 때문입니다. 물론 아무 땅이나 무작정 매입하는 것은 아닙니다. 개발되는 지역으로 늘 꿈틀거리는 이슈가 있고, 개발 후 실사용자들이 들어와 바로 임대가 가능한 지역이라면 거절하지 않고 물건을 매입합니다. 입지와 가격이 마음에 들고 출구전략에 문제가 없다고 판단되면 고민하지 않고 바로 계약합니다. 계약은 미룰수록 고민만 깊어집니다. 차라리 매입을 고민할 시간에 어떻게 팔지에 대한 전략을 고민하는 것이 더 효율적입니다.

지인이 소개한 땅은 오산시와 평택시의 경계선에 위치한 곳이었습니다. 행정구역상으로는 평택시에 속하지만, 생활권은 오산시에 더 가까운 위치였습니다. 매입하려는 땅은 진위역에서 1.9㎞ 떨어져 있고, LG전자 평택공장이 훤히 보이는 위치였으며, 또한 일반산업단지와 300m 거리에 마주하고 있는 최상의 입지였습니다.

이 땅은 1번 국도 대로변에 자리 잡고 있어 오후와 저녁 시간대에는 차량이 밀려 정체될 정도로 차량 유동성이 많은 지역입니다. 300m 위쪽에는 이미 스타벅스가 입점해 있어 주변 주거환경이나 상권이 어느 정도 형성되었다는 것을 말해줍니다.

경기도 오산시와 평택시 경계에 있는 토지 출처 : 카카오맵

출구전략을 고려할 때는 주변 공동주택 세대수를 반드시 확인해야 합니다. 이 땅 주변으로 3,000세대 이상의 구축 및 신축 아파트 단지가 있습니다. 특히, 서희스타힐스는 1,659세대의 대규모 단지로, 새롭게 공사가 진행 중이었습니다. 직접 5층 이상 올라가는 공사 현장을 보니 기대감에 가슴이 뛰었습니다. 신축 아파트를 등지고 있는 이 땅은 아파트에서 쏟아져 나오는 사람들의 수요를 충족시킬 수 있는 병원이나 마트, 그리고 각종 상권이 폭발적인 수요를 일으킬 수 있는 핵심적인 위치의 땅이었습니다.

58억 원이라는 금액은 다소 부담스러운 금액이었지만, 1,000평이 넘는 땅 면적을 고려하면 저렴하다는 판단이 들었습니다. 정확한 판단을 하기 위해 며칠이 지난 후 드론을 이용해 다시 입지분석을 했습니다. 하늘에서 보니 땅의 위치가 더욱 선명하게 보였습니다. 이 땅 주변으로 배치되어 있는 공동주택과 점포용 상가주택의 비율, 그리고 차량의 동선까지 한눈에 파악이 되었습니다.

보면 볼수록 마음이 흔들렸습니다. 반드시 가져와야 하는 땅이라는 것은 확실한데 얼마 전 약 50억 원 상당의 땅을 이미 계약한 상태라 자금 여유가 부족해 고민이 되었습니다. 남에게 주기는 아깝고 매입하기에는 부담스러워 이러지도 저러지도 못하는 상황에 놓였습니다. 하지만 계속 고민만 할 수 없었고 지주도 빨리 결정하라고 압박해왔습니다.

추가 조사를 통해 이 땅이 2016년에 지구단위계획이 예정된 지역이었다는 사실을 알게 되었습니다. 당시 자연녹지 취락지구였던 이 땅을 평택시에서 경기도에 준주거지역으로 승인을 요청했던 자료를 확보했습니다. 그 계획에 따라 서희스타힐스 부지는 2종 일반주거지역으로 지정되어 아파트가 계획대로 진행되었지만, 4차선 도로변에 위치한 이 땅은 당시 승인을 받지 못한 상태였습니다.

더 자세한 내용이 궁금해 예전 자료를 가지고 평택시 도시개발과를 방문해 문의했습니다. 담당자는 자연녹지에서 준주거지역으로 한 번에 종상향될 경우 특혜로 오해받을 수 있어, 당시 경기도에서 승인하지 않았다는 이야기를 했습니다. 지금은 주거지역으로 상향할 수 있는지 물어보니 주변 땅 지주들과 합의만 있으면 주거지역으로 변경이 가능하다는 구두 답변을 받았습니다. 현재 이 땅은 자연녹지 취락지구라 건폐율이 60%입니다. 건폐율만 보면 주거지역과 동일한 건폐율이기에 활용도가 나쁘지는 않습니다. 또한, 향후 주변의 개발 정도에 따라 준주거지역까지 종상향이 될 수도 있는 입지입니다.

4차선 1번 국도에 직접 붙어 있고, 준주거지역으로 종상향될 가능성이 있는 땅의 가치를 생각할 때 평당 550만 원은 매우 저렴한 가격이라는 판단이 들었습니다. 전체 매매가 58억 원 중 대출이 얼마나 가능한지 은행에 문의한 결과 45억 원까지 대출이 가능하다고 연락이 왔습니다. 땅의 가치는 대출을 보면 대략 알 수 있습니다. 대출이 많이 나온다는 것은 그만큼 땅의 가치가 뛰어나다는 것을 공식적으로 증명하는 지표가 됩니다.

이 땅을 매입하겠다는 결심이 서자 가슴이 뛰었습니다. 그러나 땅을 가져오기 위해서는 철저한 매입전략이 필요했습니다. 그래야 부담 없이 여유롭게 진행할 수가 있습니다. 이 땅의 전체 매매가는 58억 원, 은행대출 45억 원으로 실제 필요한 현금 13억 원만 있으면 매입하는 데 전혀 문제가 없습니다. 부담을 줄이기 위해 투자자들로부터 9억 원의 투자금을 유치했습니다. 결국 땅을 사기 위해 실제 필자가 준비한 자금은 4억 원이었습니다. 단 4억 원으로 58억 원이나 되는 땅을 효과적으로 매입할 수 있었습니다.

이 땅의 가치는 신축 아파트 단지가 완공되는 시점에 극대화될 것으로 봅니다. 출구전략 관점에서 보면 2년 후 아파트가 완공되어 입주가 시작되고 주변 산업단지에 기업들이 입주하는 시기가 오면 이 땅의 가치는 확실히 입증될 것입니다.

부동산의 가치는 입지가 말을 해줍니다. 대체 불가능한 입지에 가격이 상대적으로 저렴하다면 망설임 없이 잡아야 합니다. 이 지역은 상권이 발달하고 사람들이 몰리는 곳으로 수요가 크게 증가할 것으로 예상합니다. 덩치가 큰 계약이라도 출구전략상 문제가 없다면 대출 레버리지를 활용하거나 투자자를 모집해서 매입하는 것도 효과적인 방법입니다.

본인의 자금이 충분하다면 직접 매입할 수도 있겠지만, 투자를 하다 보면 여유자금이 충분하지 않을 때도 있습니다. 돈이 없다고 바라만 보는 것이 아니라 어떻게 하면 내 것으로 만들 수 있을까 고민을 하다 보면 다양한 아이디어가 생각이 나고, 그 생각은 점점 열정을 만들어 목표를 세우게 합니다. 목표가 있어야 달려나갈 수 있습니다. 안 된다는 생각보다는 어떻게 하면 될 수 있을까 고민하다 보면 방법은 반드시 생기고, 도와주는 사람들이 생겨 마침내 목표했던 것들을 이룰 수 있습니다.

3장

땅을 사는 능력

토지 투자
초기 매입의 정석

토지에 투자하기 위해서는 치밀하게 세운 계획과 전략적인 접근이 필요합니다.

관심 지역 선정

투자를 위한 관심 지역은 투자 금액과 시간적인 여유를 고려해서 신중하게 선정해야 합니다. 특히, 자신이 거주하고 있는 지역에 개발 호재가 있다면 이보다 더 좋을 수는 없습니다. 시간을 아낄 수 있고 다양한 정보와 수시로 변하는 상황들을 쉽게 파악할 수 있기 때문입니다. 필자가 거주하고 있는 평택에서는 고덕국제신도시와 평택 삼성전자 반도체 공장이 개발되는 호재가 있었기에 굳이 현장답사를 가지 않아도 지역 상황을 쉽게 파악할 수 있었습니다. 또한 투자자가 반드시 알아야 하는 민감한 정보에 자연스럽게 노출되는 환경 덕분에 빠른 판단과 결정을 하는 데 큰 도움이 되었습니다.

이처럼 자신의 거주지에서 개발 호재가 있는 지역까지 2시간, 멀어도 3시간 이내의 지역을 선택해야 정보를 쉽게 얻을 수 있고 시간까지 아낄 수 있습니다.

토지 투자를 처음 하시는 분들은 투자 지역을 너무 많이 선정하지 않는 것이 좋습니다. 두세 군데 정도만 선정해서 집중하시는 것이 좋습니다. 초보 투자자라면 한 지역만 선정해 공부해도 충분하다고 생각합니다. 만약 투자 금액이 넉넉하다면 다양한 지역을 선정해 분산 투자를 해도 됩니다. 그러나 투자 금액이 여유롭지 않다면 여러 지역을 분석하는 것이 부담이 될 수 있습니다. 분석을 위해 공부를 해야 하고 많은 시간과 비용이 들기 때문에 여러 지역을 동시에 투자처로 선정하는 것을 추천하지 않습니다. 초보자일수록 한곳에 집중하시길 바랍니다.

지역 분석

관심 지역을 선정한 후에는 해당 지역의 도시개발 정보를 파악하는 것이 매우 중요합니다. 각 지자체마다 도시개발계획이 마련되어 있습니다. 이는 도시의 확장이 어디로 계획되고 있는지 한눈에 파악할 수 있는 청사진과도 같습니다. 도시개발계획은 도시의 성장을 예고하는 계획으로 해당 지자체 홈페이지에서 다운로드해서 확인할 수 있습니다. 사실 가장 중요한 것은 투자할 지역에 대한 관심과 사랑이라고 생각합니다. 투자할 지역을 사랑하면 그 지역에 대해 한 번이라도 더 관심을 갖게 될 것이고, 새로운 뉴스나 정보를 접할 기회가 많아지며, 개발소식에 대한 민감도가 더 높아질 수밖에 없습니다.

투자할 지역에 대해 정확한 분석을 하려면 충분한 시간을 투자해야 합니다. 특히, 현장답사의 시간을 늘려야만 그 지역에 대한 소식을 깊이 알 수 있습니다. 신문이나 방송에서 소개되는 정보는 이미 모두 알고 있기 때문에 정보의 가치가 떨어집니다. 투자 지역을 사랑하는 마음이 있다면 자연스럽게 한 번이라도 더 방문하게 됩니다. 그러다 보면 그 지역의 사람들을 사랑하게 되고, 다양한 음식점을 찾아보게 되며, 좋은 카페를 찾아다니며 지역에 대한 이해와 애착이 점점 깊어지게 됩니다.

필자가 화성 송산그린시티 주변의 지역에 투자할 때도 매일 평택 사무실에서 화성 송산으로 출퇴근했습니다. 그 지역에 대한 사랑이 있었기에 송산에서 유명한 포도를 구입하고, 송산 사강시장의 유명한 맛집을 찾아가며, 그 지역의 유명한 카페를 자주 애용했습니다.

관심 지역 분석도 그 지역을 사랑하기에 그 지역의 모든 도로망을 수시로 다니며 파악하게 되고, 새롭게 만들어지는 도로지도를 보며 향후 차량 통행에 대해 분석하고 예측했습니다. 이 모든 것이 그 지역을 사랑하는 마음이 있어서 가능했던 것 같습니다. 여기서 지역을 사랑한다는 의미는 투자 지역으로 사랑한다는 뜻입니다. 결국 투자 지역을 사랑하게 되면 투자에 성공할 확률은 매우 높아집니다.

매물 정보 및 매물 찾기

관심 지역을 분석하기 위해 돌아다니다 보면 자연스럽게 매물 정보를 얻을 수 있습니다. 매물 정보를 얻기 위해서는 결국 그 지역을 사랑하는 마음으로 움직여야 합니다. 이 말이 다소 추상적으로 들릴 수 있지만 실제로 그렇습니다. 지역을 사랑하는 마음이 있다면 아무리 많이 돌아다녀도 지치지 않습니다.

필자는 평택에 살고 있지만 고덕국제신도시가 조성되기 전에는 구도심인 송탄에서 살았습니다. 신도시로 이사한 후 그곳에서 바라본 삼성전자반도체 평택공장은 너무도 아름다웠습니다. 공장에서 피어오르는 수증기조차 너무나 아름답게 보였으며, 공장 외벽에 그려진 바둑판 모양의 네모난 빨강, 노랑, 파랑 색깔은 삼성전자를 상징하는 디자인이 되었고 그 모양마저도 사랑하게 되었습니다. 평택 땅에 투자한 저에게는 삼성은 지가 상승에 큰 영향을 준 존재였기에 삼성을 사랑하지 않을 수 없게 되었습니다. 투자 지역을 사랑하는 마음과 그 지역에 긍정적인 영향을 주는 기업을 향한 사랑하는 마음은 투자 지역의 매물을 찾는 데 있어 제 열정을 식지 않게 만들어주었습니다.

그 열정으로 주변 공인중개사무소를 마치 내 집 드나들 듯 수시로 방문했습니다. 좋은 물건을 받으면 현장에 나가 직접 분석하고 특징을 기록하는 습관을 들이다 보니 물건 보는 실력이 점점 좋아지는 결과로 이어졌습니다. 현장을 다니다 보면 좋은 사람들을 만나게 됩니다. 직접 발로 뛰면서 원주민을 통해 좋은 물건을 소개받기도 하고, 그 마을의 영향력이 있는 이장님을 만나 소중한 정보를 얻기도 했습니다. 이런 만남을 통해서 예기치 않은 좋은 물건들을 찾을 수 있는 기회를 얻었습니다. 이러한 노력으로 좋은 매물을 지속적으로 확보할 수 있게 되었고, 매물을 찾는 실력도 점점 향상되었습니다.

결국 좋은 매물은 손품 발품을 팔아야 나온다는 매물의 정석은 언제나 변함없이 유효합니다.

10년 전 가격으로 민첩하게 매수하기

좋은 땅은 밤이고 낮이고 시간을 가리지 않습니다. '좋은 땅은 기다려주지 않는다'라는 법칙이 있습니다. 가장 먼저 가계약금을 입금시키는 사람이 그 땅의 임자입니다.

필자는 매일 저녁 운동하기 위해 러닝을 합니다. 어느 늦은 저녁, 집 주변을 뛰고 있던 중 당진에 있는 공인중개사무소 소장님으로부터 좋은 땅이 나왔다는 연락을 받았습니다. 평소 친분이 있는 소장님께 "좋은 땅이 나오면 밤 12시라도 괜찮으니 꼭 연락 주세요" 하고 부탁해둔 터였습니다.

"김 대표님, 당진에 2차선 도로에 붙어 있는 아주 좋은 물건이 나왔습니다. 가격도 10년 전에 사신 분한테 사정이 생겨 10년 전 가격 그대로 판매해달라고 급히 연락이 왔습니다."

"아, 그래요. 땅의 지번을 문자로 보내주세요. 바로 확인해보겠습니다."

잠시 러닝을 멈추고 가쁜 숨을 진정시킨 뒤 토지를 검색했습니다. 그 땅은 당진의 2차선 도로에 40m 이상 붙어 있는 아주 매력적인 땅이었습니다. 경계선에는 농어촌공사 건물이 마주하고 있었고, 주변에는 원룸 단지가 자리하고 있었습니다. 뿐만 아니라, 300만 평이 넘는 석문국가산업단지가 주변에 위치한 뛰어난 입지였습니다. 한눈에 봐도 누구나 좋아할 만한 땅이라는 것을 직감할 수 있었습니다.

충남 당진시 국가산업단지 인근 토지 출처 : 카카오맵

주변에 실제 거래된 내역을 확인하고 이 땅의 이력을 조사해봤습니다. 이 땅은 정확히 2014년에 2억 5,000만 원으로 거래된 땅이었습니다. 그런데 10년이 지난 지금도 같은 가격인 2억 5,000만 원에 매도한다는 것이었습니다. 이처럼 가격이 저렴하면 대부분의 사람들은 불안해하거나 의심하게 됩니다. 이는 토지에 대한 지식 부족과 주변 개발 상황에 대한 조사가 충분하지 않기 때문입니다.

필자는 당진시에 대한 개발계획과 투자 포인트에 대해서 미리 공부해두었기 때문에 특별히 불안하지는 않았습니다. 다만, 땅의 소유주가 어디에 거주하는지 궁금해서 문자 메시지로 물어봤더니 서울에 거주하는 분이라는 답을 받았습니다. 그리고 10년 전에 당진에 땅을 사놓고 지금까지 한 번도 방문하지 않을 정도로 당진에 대한 소식을 전혀 모르는 소유주라는 사실을 확인했습니다. 개인적으로 급한 사정이 생겨 땅을 판다는 말도 충분히 이해가 갔습니다. 외지인이 급하게 땅을 팔게 되면 어쩔 수 없이 싸게 팔 수밖에 없습니다. 충분한 시간을 두고 여유롭게 팔면 제값을 받을 수가 있지만, 초급매로 내놓으면 10년 전 가격으로도 팔리지 않을 수 있습니다.

땅의 가격은 경제 상황에 따라 크게 차이가 납니다. 호황이 시작되면 기대심리가 작용해 가격이 비싸더라도 매입하려는 사람들이 많아집니다. 반대로 불황일 때는 10년 전 가격으로 내놓아도 팔리지 않는 경우가 발생하기도 합니다. 이런 현상은 10년 이상 직접 호황과 불황을 경험해본 전문가만이 알 수 있는 내용입니다. 그래서 '토지는 알다가도 모르겠다'라는 말이 나오는 것 같습니다.

소개받은 토지가 바로 이런 경우였습니다. 이럴 때 가장 중요한 것이 바로 실력입니다. 실력이 있다면 이 땅이 가진 장점을 직관적으로 알 수 있고, 지도와 각종 분석 자료를 통해 확신을 가질 수 있습니다. 반대로 실력이 부족하다면 좋은 땅을 소개받아도 그 땅이 좋은 땅인지 나쁜 땅인지 구별이 안 되기 때문에 망설이고 갈등하게 됩니다.

필자는 뛰던 것을 멈추고 천천히 걸으며 스마트폰으로 이 땅의 속성을 파악하기 시작했습니다. 물건을 파악할 때 가장 먼저 스마트폰으로 3가지를 확인합니다.

1. '네이버 위성 지도'로 땅을 한눈에 확인하면서 땅의 지리적인 위치와 주변 입지를 파악합니다.
2. '디스코'라는 앱으로 땅의 평수, 용도지역, 지목, 공시지가, 매매이력을 조사합니다.
3. '토지이음'을 통해 도로구역, 접도구역, 무료로 사용할 수 있는 국유지 면적이 있는지 구체적으로 확인합니다.

이 정도만 확인할 수 있다면 땅을 살 수 있는 기본적인 실력을 갖추었다고 할 수 있습니다. 모든 내용을 파악하는 데 10분도 걸리지 않았습니다. 곧바로 소장님께 전화를 걸었습니다.

"소장님, 가계약금 100만 원 걸겠습니다. 계좌번호 보내주세요."

계약은 신속하게 이루어졌습니다. 이런 상황에서는 망설이면 안 됩니다. 확실한 물건이라고 판단되면, 그 순간 바로 가계약금을 입금하는 습관이 필요합니다. 필자 역시, 하루 차이로 계약을 미루었다가 다른 사람이 먼저 입금해 땅을 놓친 경험이 있습니다. 그 이후로는 마음에 드는 땅이면 주저 없이 입금부터 하는 습관이 생겼습니다.

이 땅이 좋은 이유에 대해 구체적으로 분석해보도록 하겠습니다. 우선 이 땅은 2차선 도로에 40m 이상 붙어 있습니다. 또한 용도지역이 계획관리지역이기 때문에 토지 개발 시 충분한 건폐율이 확보됩니다. 땅의 평수도 크지 않아 소액으로 살 수 있는 누구나 선호하는 땅입니다. 특히 10년 전 가격으로 매우 저렴하게 나왔습니다. 또한 본 토지, 416평과 별개로 국유지 면적 245평 이상이 연접되어 있어 활용도가 매우 높은 땅입니다. 마지막으로, 주변에 산업단지와 다가구주택들이 있고, 병원이나 학교도 멀지 않은 곳에 있어 다양한 개발이 가능한, 활용도가 매우 높은 땅입니다.

자, 어떻게 생각하시나요? 필자가 왜 이 땅을 단 10분 만에 계약하기로 결정했는지 충분히 납득이 되시나요? 이런 땅은 출구전략에 있어서도 전혀 문제가 되지 않습니다. 이런 땅은 매입 후 6개월 만에 충분한 수익을 보고 다시 팔 수 있는 토지입니다. 살 때부터 이미 팔리기로 정해져 있는 땅이 바로 이런 땅입니다. 입지, 가격, 용도, 땅의 크기 등 '팔릴 수 있는 조건'을 모두 만족하는 이런 땅은 과연 얼마에 팔아야 할까요? 사면서 팔릴 것을 생각하는 행복한 고민을 해봅니다.

결국, 땅을 산다면 바로 이런 땅을 사야 합니다.

임야 매수 시
주의할 점 9가지

임야는 다른 지목에 비해 출구전략을 세우기가 어려워 투자가 쉽지는 않습니다. 따라서 임야에 투자하는 것을 고려하고 있다면 반드시 확인해야 할 것들이 있습니다.

1. 종중 소유의 땅인지 확인

임야를 매입하기 전 가장 먼저 확인해야 할 사항이 있습니다. 바로 소유권입니다. 임야는 대체로 자손 대대로 이어져 온 경우가 많아, 종중 소유인 경우가 흔합니다. 개인 명의로 등기가 되어 있어도 실제로는 종중 소유인 사례가 흔합니다. 이러한 종중 소유의 임야를 종중 총회의 동의 없이 등기명의자로부터 매수할 경우, 소유권이전등기를 했더라도 무효로 간주되거나 소유권 분쟁으로 이어질 가능성이 높습니다.

2. 도로의 용도 및 크기 확인

임야를 개발하기 위한 목적이라면 도로 확보는 필수적입니다. 도로와 맞닿은 폭은 4m 이상 되어야 하고 가능한 한 도로 폭이 교행이 가능한 6m 이상 확보하는 것이 좋습니다. 임야가 맹지라면 진입도로에 대한 문제 해결 방안을 마련해야 하는데, 이를 위해 진입로로 사용할 땅의 지주로부터 토지사용승낙서를 받아놓거나 해당 토지의 일부를 매입하는 방법이 있습니다.

건축법에서 명시하고 있는 도로의 기준을 적용하면 막다른 도로의 경우 10m 미만일 때 폭 2m, 10m 이상 35m 미만일 경우 3m, 35m 이상일 경우 도시지역은 6m(읍면지역은 4m)로 규정하고 있으므로, 규정에 맞는 도로 폭을 반드시 확보해야 합니다.

3. 묘지가 있는지 확인

임야에 묘지가 있는지 반드시 확인해야 합니다. 만약 묘지가 있다면 반드시 묘지를 이장하는 조건으로 거래계약을 체결해야 합니다. 특히, 해당 묘지가 20년 이상 평온, 공연하게 설치되어 있거나 묘지 설치 동의를 받아 설치한 경우에는 분묘기지권이 인정됩니다. 분묘기지권이란 분묘를 수호하고 제사를 지내는 데 필요한 범위 내에서 타인의 토지를 사용할 수 있는 권리를 말합니다. 분묘기지권에 따라 토지의 가치는 천차만별로 달라집니다.

4. 분묘기지권 성립

분묘기지권이 인정되는 경우, 자손들이 묘지를 관리하는 한 수십 년에서 수백 년까지 그 권리가 유지될 수 있습니다. 이에 따라 임야 소유자는 임의로 묘지를 이장할 수 없으며, 사용 기간 동안 임대료를 청구하지 못하는 경우도 많습니다. 또한, 건축하거나 산지전용허가를 받아야 하는데, 묘지를 이장하지 못한다면 분묘의 중심에서 5m 이상 떨어진 곳부터 건축허가 및 개발행위, 산지전용허가가 가능합니다.

분묘기지권은 대법원 판례에 따라 외부에서 분묘의 존재를 인식할 수 있는 형태를 갖추고 있어야 하고, 평당 또는 암장되어 있을 경우에는 인정하지 않는다고 되어 있습니다. 임야에 분묘가 있는 것은 상관없으나, 분묘기지권이 성립되는지 여부는 꼼꼼히 따져야 되며, 매매계약 시 특약사항에 반드시 기재해야 문제가 발생하지 않습니다.

5. 수목의 소유권

보호수나 울창한 나무, 과수 등이 식재가 된 임야의 경우에는 해당 수목의 소유자가 누구인지, 거래대상물에 해당 수목이 포함되는지 반드시 확인해봐야 합니다. 임야에 있는 수목들이 입목에 관한 법률에 따라 별도의 입목등기가 있다면 소유권자가 명시되어 있을 가능성이 큽니다.

6. 시세 파악

도시민 소유나 부동산 중개업자로부터 임야를 구입할 때는 매도자나 중개업자의 말만 믿지 말고 임야 인근의 공인중개사무소를 통해 정확한 시세를 파악하는 것이 바람직합니다. 임야는 거래사례가 많지 않아 시세분석이 어렵다는 점을 악용해, 과거에 기획 부동산 회사들이 대규모 임야를 작게 분할해 매도하면서 허위 개발계획을 유포하고 매수가격보다 수십 배 높은 가격에 매도하는 경우가 많았습니다.

7. 산지전용 제한지역

산림청의 산지전용 제한지역으로 고시되어 있는지 확인해야 합니다. 산지전용 제한지역에서는 원칙적으로 개발행위가 엄격히 제한되어 있습니다. 산림법상 보안림이나 사방지로 지정되어 있지 않아야 하고, 또 과거 국고보조를 받아 조성한 조림지가 아니어야 합니다. 홍수피해가 났던 임야인지도 조사해봐야 합니다.

8. 보전산지 개발제한

특별한 목적이 없다면 보전산지는 투자하지 않는 것이 좋습니다. 산지관리법상 준보전산지는 건축허가 등 활용도가 높고 규제가 적지만 보전산지는 공익 목적 등 특별한 경우가 아니면 개발허가를 받을 수 없습니다. 다만 도시지역 내 보전녹지에 안에 있는 보전산지는 제1종 근린생활시설 및 단독주택등 일부 건축허가가 가능합니다.

9. 산지전용허가 기준 3가지

산지관리법 시행령에서는 산지전용허가 기준을 3가지로 규정합니다.

1. 660㎡ 이상 산지 전용으로 평균 경사도가 17~25도일 것
2. 산지의 ha당 입목축적이 150% 이하일 것
3. 생육 중인 50년생 이상인 활엽수림 비율이 50% 이하일 것

평균 경사도 기준은 대체로 25도 이하입니다. 입지가 아무리 좋고 주변 환경이 아무리 좋아도 임야의 평균 경사도가 25도 이상이 되면 개발을 할 수 없기 때문에 평균 경사도를 꼭 확인해야 합니다. 임야의 평균 경사도 기준을 적용하지 않는 경우도 있습니다. 임야의 면적이 660㎡ 미만의 경우 평균 경사도 기준을 적용하지 않습니다. 그래서 임야를 개발하는 분들은 면적을 660㎡ 미만으로 분할해놓은 땅을 찾기도 합니다.

임목축적은 식재된 나무의 총용량을 나타내는 자료입니다. 나무의 지름과 높이 그리고 부피를 측정해서 산림자원의 상태와 재생산 능력을 평가하는 데 사용하게 됩니다.

산지관리법에서 규정하고 있는 내용은 법이 규정하고 있는 최고 한도이기 때문에 지방자치단체마다 적용되는 기준이 다를 수 있으므로 반드시 조례를 확인해야 합니다. 또한, 토목설계사무소의 조언을 구한 후 매입을 진행하는 것이 바람직합니다.

토지 매수 타이밍 실제 사례

용인 SK하이닉스 126만 평 반도체공장의 개발 발표 이후 해당 지역은 토지거래허가구역으로 지정되어 거래가 뚝 끊겼습니다. 토지거래허가구역으로 묶이면 각종 규제를 받게 되어 토지를 매입하고 싶어도 그 목적에 맞지 않으면 허가를 받을 수 없습니다. 투자 목적으로는 절대로 땅을 살 수 없으며, 사업용으로 허가를 받거나 해당 목적에 부합하는 경우에만 거래가 가능합니다.

2021년 9월 용인시 처인구 원삼면 문촌리에 지목이 '전'인 토지 1,648평을 6억 8,000만 원에 매입했습니다. 토지거래허가구역으로 지정이 되자 거래량이 현저하게 줄었고, 땅을 찾는 사람이 없다 보니 가끔씩 가격이 파격적으로 저렴하게 나오기도 했습니다. 이 땅 역시 농사를 목적으로 허가를 받아야 했기 때문에 농사를 짓는다는 계획서를 제출해 토지거래허가를 받을 수 있었습니다.

사실 이런 시기가 토지를 매입하기에 가장 좋은 시기입니다.

남들이 투자하지 않을 때!

불경기라는 말이 사람들 입에서 자주 오르내릴 때!

가격이 예상보다 더 하락할 때!

주식이 떨어지고 금융이 불안정할 때!

호황으로 인해 모든 일이 다 잘 풀릴 때일수록 조심해야 합니다. 호황이 영원히 지속되지는 않기 때문입니다. 호황 뒤에는 반드시 불황이 뒤따릅니다. 경기가 순환한다는 것은 누구나 알고 있는 사실입니다. 그래서 깊은 통찰력을 가진 투자자는 경기가 좋을 때는 경계를 늦추지 않으며, 반대로 경기가 불황일 때는 오히려 주식이나 부동산에 적극적으로 투자하는 특징이 있습니다.

남들이 잘될 때는 그 흐름에 떠밀려서도 잘 나아갈 수 있습니다. 경기가 호황일 때는 무엇을 매입하더라도 단시간에 좋은 성과가 나옵니다. 문제는 이 호황이 언제 꺾이고 불황으로 전환될지를 일반인들은 잘 알 수 없다는 점입니다. 그래서 미리 경제지표를 확인하는 것이 중요합니다. 오히려 불황일 때 투자하는 것이 훨씬 더 수익률이 높습니다. 언젠가는 다시 호황이 찾아오기 때문입니다. 제조업 중심의 우리나라 경제 구조상 불황은 영원히 지속되지는 않습니다. 내리막이 있으면 오르막이 있는 것이 경제 원리입니다.

투자의 시기로 보면 문촌리 땅은 토지거래허가라는 벽을 넘어서 투자한 사례입니다. 당시 해당 지역은 토지거래허가구역으로 묶여 있어 투자하기 좋은 환경이 아니었고, 거래가 거의 이루어지지 않을 때였습니다. 덕분에 필자는 이 땅을 아주 저렴한 가격에 매수했습니다. 불황기였던 때 6억 8,000만 원에 매입한 이 땅은 2년 뒤 토지거래허가구역이 해제되었고, SK하이닉스 공사 현장 주변으로 투자자들이 몰려들면서 거래량이 증가해 땅값은 급격하게 상승했습니다. 그 결과, 이 땅도 아주 단기간에 놀랍도록 가격이 상승했습니다. 매입 당시 6억 8,000만 원이었던 이 땅은 12억 원 이상의 감정가를 받았고, 기존 대출금 4억 원을 제외하고 추가로 5억 원을 대출받아 새로운 투자처에 활용할 수 있었습니다.

2년 만에 2배 이상 상승한 사례로, 이 모든 것은 정확한 투자 타이밍이 만들어낸 결과입니다. 남들이 모두 잘될 때보다 남들이 힘들어하는 시기를 주목해야 합니다.

경매를 통한 전략적인 농지 매입

일반적으로 투자자의 입장에서 농지는 매력이 없습니다. 그 이유는 농지의 가격 기준을 명확하게 설정하기 어렵기 때문입니다. 특히, 시골 지역의 농지는 대체로 시세에 비해 공시지가가 현저히 낮은 금액으로 책정됩니다. 예를 들어 시세가 평당 100만 원인 농지의 공시지가는 평당 20~30만 원 수준으로 상당히 낮습니다.

농지연금을 받기 위해 농지에 투자하는 것을 생각해보겠습니다. 일반적으로 농지를 시세로 사서 농지연금에 가입하면 투자 대비 수익이 너무 적습니다. 심지어 대출 이자 비용조차 나오지 않습니다. 그렇다면 어떤 방법으로 농지를 사야 할까요? 딱 한 가지 방법이 있습니다. 경매를 통해 매입하는 것입니다. 시세보다 반값 이하로 낙찰받을 수 있다면 훌륭한 농지연금용 농지가 될 수 있습니다. 2024년 말 기준, 전국적으로 3회 이상 유찰된 농지들이 많이 있습니다. 심지어 공시지가의 절반 가격으로 유찰된 농지도 있습니다.

수익이 확정된 물건 매입

필자는 얼마 전 4개의 농지를 4회 유찰된 후 5회 차에서 감정가의 30%대 가격으로 낙찰받았습니다. 감정가 10억 원 이상 되는 농지는 3억 원대에 낙찰받았으며, 감정가 3~4억 원으로 평가된 농지는 수천만 원대에 낙찰받기도 했습니다.

농지연금용 농지는 경매나 공매를 통해 매입하지 않으면 사실상 수익을 거두기가 어렵습니다. 일반적인 매매로는 공시지가 이하의 가격으로 땅을 내놓는 경우가 거의 없기 때문입니다. 그러나 경매나 공매를 통해 감정가의 반값 이하로 매입한다면 낙찰과 동시에 확정된 수익률을 보장받을 수 있습니다. 공시지가나 공시지가의 반값 정도에 매입할 수 있다면 매우 훌륭한 선택을 한 것입니다.

영농경력이 전혀 없는 사람도 감정가의 반값 이하로 낙찰받아, 5년간 영농경력을 쌓으면 농지연금을 받을 수 있습니다. 이후 5년이 경과한 시점에서 다시 감정평가를 받으면 토지 시세는 더욱 상승할 가능성이 높아 결과적으로 더 저렴하게 매입한 것과 같은 효과를 볼 수 있습니다. 따라서 농지연금을 통해 수령하는 금액은 초기 투자 대비 훨씬 높아지게 됩니다.

용도지역 확인

경매 입찰 시 반드시 확인해야 할 사항이 있습니다.

1. 3회 이상 유찰된 물건
2. 용도지역

낙찰을 받은 후 농지연금에 가입하기까지는 시간이 필요합니다. 영농경력을 쌓는 데도 시간이 걸립니다. 그동안 개발지 주변의 농지들이 공장, 다세대 또는 다가구 같은 주택으로 개발되기도 합니다. 매입한 농지 주변으로 개발이 진행되면 시간이 지날수록 풍부한 호재로 작용해서 땅값을 더욱 상승시키는 효과가 나타납니다. 이 과정에서 용도지역은 아주 중요한 역할을 합니다.

예를 들어, 농업진흥지역과 계획관리지역 농지를 각각 시세의 절반 가격으로 매입한 경우를 비교해보겠습니다. 농업진흥지역의 농지는 주변이 아무리 개발이 되고 호재가 발생하더라도, 실제 사용자들이 활용할 수 있는 용도가 제한적입니다. 농업진흥지역에는 일반창고, 공장, 식당, 카페 또는 소매점용 건물의 건축이 허용되지 않습니다.

그러나 계획관리지역에서는 농지를 전용해 다세대주택, 다가구주택, 공장, 제조장, 창고, 사무실이나 소매점과 같은 다양한 건물을 건축할 수 있습니다. 이는 내가 매입한 농지 주변이 개발되면 농지연금용으로 산 농지를 다른 용도로 사용할 수도 있다는 뜻입니다. 특히, 개발이 이루어지는 지역의 인근에서는 이런 땅에 대한 실수요가 폭발적으로 증가하는 경우가 많습니다. 따라서 용도지역 확인은 필수적이라고 할 수 있습니다. 필자는 주로 도시지역의 자연녹지, 생산녹지 또는 관리지역 중 계획관리지역의 농지를 입찰 대상으로 추천합니다.

개발이 예상되는 지역 선정

이미 개발된 지역에서는 경매로 나온 농지가 유찰되는 경우가 많지 않습니다. 따라서 개발이 발표되지 않은 지역을 잘 선정하는 것이 중요합니다. 이른바 개발이 예정된 지역입니다. 이런 곳에 먼저 투자를 해야 합니다. 다만, 이런 지역은 용도지역이 상향되기까지는 시간이 필요합니다. 대규모 신도시나 대규모 산업단지가 만들어지는 지역은 향후 개발이 될 지역이고, 개발은 곧 용도지역의 변화를 일으키는 요인이 됩니다.

땅은 한정되어 있기에 도시가 개발되려면 도시지역을 확대해야 합니다. 이를 위해서는 주변 땅의 용도지역을 상향하는 것은 필수적입니다. 따라서 도시가 발전할수록 공시지가의 상승은 당연하며, 시세도 역시 꾸준히 오르게 됩니다.

필자가 10년 전에 매입한 평택 고덕신도시 부근의 농지를 예로 들어 보겠습니다. 당시 매입할 때는 공시지가보다 2배 이상 비싼 가격에 매입했는데 현재는 공시지가가 처음 매입했던 금액을 초과했고, 시세는 처음 산 가격의 3배 이상이 되었습니다. 이처럼 도시가 발전하고 호재가 풍부한 지역에서 땅을 매입하면 공시지가뿐만 아니라 시세까지 상승하는 일들이 개발지 주변에서 흔히 일어납니다.

농지연금용 농지를 매입하는 기준도 이런 원칙에 입각한다면 아주 훌륭한 수익률을 가져가는 모델을 만들 수 있습니다. 용도지역 상향을 기대하면서 농지연금용 땅을 찾을 때는 절차를 반대로 생각하면 됩니다. 제일 먼저 개발이 예상되는 지역을 선정합니다. 다음으로는 도시가 개발될 때 확대되어 나갈 수 있는 구체적인 예상지점을 찾습니다. 마지막으로는 경매를 통해 반값 이하의 계획관리지역이나 자연녹지지역의 농지를 찾아 입찰하면 됩니다. 이것이 전략적인 농지연금용 농지 찾기의 기본적인 방법입니다. 이렇게 하면 시간이 지날수록 땅값이 상승하는 지역의 농지를 저렴한 가격에 확보할 수 있습니다. 이후 농지연금용으로 활용하거나 도시가 개발되는 과정에서 땅값이 급격하게 오르면 시세차익을 보고 매도할 수도 있습니다.

필자는 이러한 방법을 통해 2개월 만에 농지연금용 농지를 감정가의 30%대 가격으로 10건 이상 낙찰받았습니다. 이는 경매를 통해 전략적으로 농지연금용 농지를 확보한 실제 사례입니다.

12억 원으로 매월 연금 300만 원 만들기

필자는 12억 원으로 평생 매월 300만 원을 받을 수 있는 땅을 단, 일주일 만에 만들었습니다.

사람들은 좋은 땅을 찾기 위해 여러 가지 방법들을 동원합니다. 주말마다 현지답사를 가기도 하고, '네이버 부동산'을 검색해서 물건을 찾거나 현지 공인중개사를 통해 물건을 찾기도 합니다. 필자는 현지 공인중개사무소 소장님들이나, 원주민들과 깊은 신뢰를 쌓아 일반인들에게 공개되지 않는 특별한 물건을 구합니다. 또한 관심 있는 지역을 공부하며 '밸류맵'이나 '네이버 부동산'에 등록된 실거래된 물건을 분석하면서 가격에 대한 감각을 잃지 않으려고 노력합니다.

필자는 이전에는 경매에 관심이 없었습니다. 아파트나 상가, 빌라 같은 부동산은 가격 경쟁이 심해 좋은 가격에 낙찰받기가 쉽지 않다고 생각했습니다. 토지 역시 마찬가지였습니다. 필자가 원하는, 개발이 진행되고 호재가 풍부한 지역은 경매 물건이 자주 나오지 않습니다. 간혹 경매로 땅이 나오더라도 사용하기 어려운 용도지역의 땅이거나, 적절한 가격에 낙찰받기가 어렵고, 땅의 모양이 개발하기 쉽지 않은 경우가 많았습니다. 이런 이유로 필자는 8년 전 경매 공부를 시작했다가 중단한 경험이 있습니다.

그러나 얼마 전부터 토지 경매 공부를 다시 시작해서 한 달 만에 4건을 낙찰받았습니다. 대부분 감정가의 30% 수준에서 4~5회 유찰된 토지를 경매로 낙찰받았습니다. 다음 낙찰된 물건은 감정가 약 12억 원의 자연녹지의 농지를 3억 7,000만 원에 낙찰받은 사례입니다.

2023타경3136 • 대전지방법원 서산지원 • 매각기일 : 2024.09.03(火) (10:00) • 경매 2계(전화:041-660-0692)

소 재 지: 충청남도 당진시 송악읍 중흥리 도로명검색 D 지도 지도 G 지도 주소 복사

물건종별	농지	감 정 가	1,202,457,000원
토지면적	4341㎡(1313.15평)	최 저 가	(24%) 288,710,000원
건물면적		보 증 금	(10%) 28,871,000원
매각물건	토지만 매각	소 유 자	장인
개시결정	2023-06-14	채 무 자	장인
사 건 명	임의경매	채 권 자	농협자산관리회사

오늘조회: 1 2주누적: 14 2주평균: 1 조회동향

구분	매각기일	최저매각가격	결과
1차	2024-04-16	1,202,457,000원	유찰
2차	2024-05-21	841,720,000원	유찰
3차	2024-06-25	589,204,000원	유찰
4차	2024-07-30	412,443,000원	유찰
5차	**2024-09-03**	**288,710,000원**	

매각 : 372,050,000원 (30.94%)

(입찰2명,매수인:경기 김양구)

매각결정기일 : 2024.09.10 - 변경

매각결정기일 : 2024.09.24 - 매각허가결정

사진 펼쳐보기

사진 | 토지등기 | 감정평가서 | 현황조사서 | 매각물건명세서 | 부동산표시목록 | 기일내역 | 문건/송달내역 | 사건내역

전자지도 | 전자지적도 | 로드뷰 | 씨리얼지도+ | 도시계획지도+

• 매각토지.건물현황 (감정원 : 제일감정평가 / 가격시점 : 2023.06.23)

목록	지번	용도/구조/면적/토지이용계획		㎡당 단가 (공시지가)	감정가	비고
토지	중흥리	가축사육제한구역,자연녹지지역	답 4341㎡ (1313.15평)	277,000원 (78,600원)	1,202,457,000원	

출처 : 옥션원

구분	금액(원)	비고
감정가	1,202,457,000	-
공시지가	340,604,847	-
낙찰가	372,050,000	감정가 대비 31% 공시지가 대비 109%

1. 입지분석 및 주변 상황

당진은 개발 호재가 풍부한 지역으로 필자는 도시 전체에 대한 개발 호재를 유튜브에 소개할 준비를 하고 있었습니다. 지금보다는 미래가 더 기대되는 도시로 점 찍어 놓았던 곳입니다. 현재 당진에는 현대제철과 아산국가산업단지가 해안가를 중심으로 자리 잡고 있습니다. 또한, 2024년 말에는 서해선 복선전철 합덕역이 새롭게 개통되었습니다. 더불어 SK에코플랜트를 중심으로 당진 남부지역에 100만 평 규모의 산업단지와 북부지역에 50만 평 규모의 산업단지를 조성한다는 계획도 있습니다. 민간 투자 방식으로 추진되는 이 사업에 1조 4,000억 원이 투입될 예정이어서 지금이 가장 투자하기 좋은 시기라고 볼 수 있습니다.

산업단지가 조성된다는 것은 기업들이 들어온다는 의미입니다. 기업이 들어오면 인구는 자연스럽게 증가합니다. 인구 증가로 인해 주거지와 상업지가 필요해지고, 이로 인해 도시개발에 대한 압력이 커지게 됩니다. 각종 주거지와 상업지는 결국 땅 위에 만들어지기 때문에 이러한 흐름에 따라 토지 가격이 상승하는 메커니즘이 작동합니다.

어느 날 농지연금용으로 알맞은 당진의 한 물건이 소개된 유튜브 영상을 봤습니다. 한눈에 보기에도 너무 괜찮은 물건이었고, 이미 당진에 관심을 가지고 있던 상태라 그냥 지나칠 수 없어 해당 경매 물건에 대해 구체적으로 조사를 했습니다. 앞의 자료에서 보다시피 감정가 약 12억 원, 용도지역은 도시지역의 자연녹지, 지목은 답이며 1,313평인 토지가 4회 유찰된 후 5회 차 경매를 앞두고 있었습니다. 이 물건은 반드시 잡아야겠다는 생각이 들었습니다.

군인이나, 교사, 공무원이 30년 이상을 포기하지 않고 성실하게 근무하는 이유는 평생 지급되는 연금을 바라보기 때문이라고 합니다. 30년 동안 열정과 인내로 쌓아온 노력과 시간을 연금과 맞바꾸기 위해 공무원 생활을 이어간다고 합니다.

그런데 평생 지급되는 연금 중에 농지를 가지고 있는 사람들이 받을 수 있는 연금도 있습니다. 바로 농지연금입니다. 농지를 담보로 매월 종신토록 연금을 받을 수 있는 제도입니다. 하지만 이런 좋은 제도가 있어도 농지를 취득하지 못하면 무용지물입니다. 투자로 농지를 취득하고 농사를 지어야만 이 혜택을 누릴 수 있습니다. 많은 사람이 농지연금을 받을 수 있는 땅을 찾아보지만, 쉽게 접근하지 못하는 이유는 땅을 정확하게 보는 눈이 없고, 권리와 입지를 분석할 실력도 없기 때문입니다. 그래서 결국 바라만 볼 수밖에 없습니다.

요즘은 예전과 달리 현장에 직접 가지 않아도 첨단 장비와 잘 갖춰

진 행정 시스템을 통해 다양한 정보를 확인할 수 있습니다. 조금만 배우면 어렵지 않게 분석을 할 수 있습니다. 그럼에도 농지 투자가 어렵게 느껴지는 이유는 많은 사람들이 생각만 하고 실제로 행동에 옮길 용기가 부족하기 때문입니다. 이처럼 망설이는 사람들이 여전히 많습니다.

2. 감정가 대비 유찰 횟수

필자는 경매로 농지연금용 농지를 매입할 때 3회 이상 유찰된 물건만 선택합니다. 4회, 5회 유찰된 땅은 더욱 환영합니다. 5회 이상 유찰된 땅을 살펴보면 나름대로 이유가 있습니다. 대부분 지분이 포함되어 있는 물건이거나 또는 농지의 기능을 상실한 휴경지, 면적이 너무 작거나 진입로가 없는 맹지인 농지가 주로 5회 이상 유찰되어 경매로 나옵니다. 하지만 그중에서도 잘 찾아보면 쓸 만한 물건들이 있습니다. 또한 감정가가 10억 원 이상인 금액이 큰 물건들은 상태가 아주 좋음에도 투자해야 할 금액이 너무 높아 접근이 어려워 유찰되기도 합니다.

이 물건은 감정가가 약 12억 원이었으나 4회 유찰되어 감정가의 약 30%대의 금액으로 살 수 있었습니다. 충분히 기대되는 금액과 도전해 볼 가치가 있는 땅이었습니다. 특히, 감정가가 10억 원 이상인 물건으로, 단 한 건만으로도 농지연금 최고 금액인 월 300만 원이 나오는 땅이기에 더욱 기대되는 물건이었습니다.

소재지	충청남도 당진시 송악읍 중흥리		
지목	답	면적	4,341 ㎡
개별공시지가(㎡당)	79,000원 (2024/01) 연도별보기 REB 한국부동산원 부동산 공시가격 알리미		
지역지구등 지정여부	「국토의 계획 및 이용에 관한 법률」에 따른 지역ㆍ지구등	자연녹지지역	
	다른 법령 등에 따른 지역ㆍ지구등	가축사육제한구역(전부제한)<가축분뇨의 관리 및 이용에 관한 법률>	
「토지이용규제 기본법 시행령」 제9조 제4항 각 호에 해당되는 사항			
확인도면		범례	

출처 : 토지이음

3. 용도지역 필수 확인

농지연금용 토지는 공시지가가 계속해서 올라가는 개발 호재가 있는 지역과 용도지역상 도시지역의 자연녹지, 생산녹지 또는 관리지역 내 계획관리, 생산관리 토지를 고르는 것이 유리합니다. 그 이유는 공시지가나 감정가가 농림지역보다 훨씬 더 많이 올라가기도 하고, 농지연금으로 사용하지 않더라도 실사용자가 공장이나 창고, 다가구주택으로 개발해 사용할 수 있어 활용적 측면에서 볼 때 용도지역을 살피는 것은 필수적입니다.

이곳은 용도지역이 도시지역의 자연녹지이고, 지목이 전이라 향후 지가 상승이 예상되었습니다. 특히 송악읍 중흥리는 산업단지와 인접해 있고 이 토지가 위치한 곳이 이미 사람들이 거주하는 도시지역이라는 점에서 더욱 매력적으로 느껴졌습니다.

4. 공시지가 반드시 확인

공시지가는 3억 4,000만 원이었습니다. 잘하면 공시지가의 금액에 낙찰을 기대할 수 있는 땅입니다. 공시지가를 따져봐야 하는 이유는 농지연금은 공시지가의 100% 또는 감정가의 90%로 지급하기 때문에 공시지가 이하로 낙찰을 받을 수 있다면 그만큼 농지연금의 수익률이 높아지기 때문입니다.

이 토지는 공시지가보다 감정가로 따지는 것이 훨씬 유리합니다. 감정가 12억 원의 90%는 10억 8,000만 원이므로, 농지연금 상한선인 300만 원을 받고도 남는 경우가 됩니다. 특히, 거래가 뜸한 지방 농지의 경우 감정가 대비 공시지가가 높게 나오는 경우도 있기 때문에 농지연금에서 공시지가는 반드시 체크해야 할 항목입니다.

5. 도로 확인

기계가 출입할 수 없는, 이른바 맹지는 농지연금을 신청할 수가 없습니다. 따라서 도로는 필수입니다. 앞의 토지는 도로가 아주 잘되어 있었습니다. 도로가 위쪽으로 108m, 아래쪽 도로로 30m가 붙어 있어

위와 아래로 진출입을 할 수 있는 도로 여건이 아주 좋은 땅이었습니다. 특히, 위로는 군유지 도로 및 국유지 도로와 접하고, 아래로는 국유지 구거와 접해서 사용하는 데 전혀 문제가 없습니다. 또 이후에 개발행위허가를 신청할 때도 국유지 점용허가를 통해 진행하면 아무런 문제가 되지 않습니다.

이렇게 경매를 할 때 위에 언급한 특징들을 살펴보고 모두 기준 안에 들어온다면 그다음 살펴봐야 할 것들이 지분과 지장물입니다. 이 토지는 다행히 지분권자가 없었고 토지 위에 지장물도 없었습니다. 지목이 답으로 벼가 심어진 큼직한 땅이었습니다. 등기에 대한 권리분석상에도 특이 사항이 없고, 채권 역시 모두 소멸하는 안전한 물건이라 자신 있게 경매에 입찰할 수 있었습니다.

경매 당일 좋은 기운으로 아침 일찍 출근해서 사무실에 도착하니 마침 태양이 떠오르는 중이었습니다. 마치 입찰하면 반드시 낙찰된다는 신호를 보내는 것처럼 강렬한 태양이 나를 맞아주었습니다. 경매는 전략적으로 접근을 해야 합니다. 경매 전 조회 수를 확인해보니 주간 조회 수가 그렇게 높지 않았고 당일 조회 수도 5회 미만이었습니다. 아마도 농지의 금액이 높다 보니 사람들이 부담을 느끼는 것 같았습니다. 최저가가 2억 8,800만 원이었지만, 너무 낮게 쓰면 패찰이 될 수도 있다는 판단에 가격을 조금 올려서 3억 7,200만 원대로 작성해 입찰함에 넣었습니다. 다행히 2명이 입찰에 참여했고 2등과 단 2,000만 원 차이로 필자가 낙찰받게 되었습니다.

이미 수십 개의 땅을 보유하고 있었지만, 이렇게 경매로 낙찰받아 매입한 것은 처음이었기에 더욱 기뻤습니다. 특히 일반 공무원들이 평생 일해야 받을 수 있는 연금을, 농지 경매로 낙찰받아 평생 매월 300만 원씩 받을 수 있게 되었다는 사실은 너무나 큰 기쁨이었습니다. 그날 밤 아내와 함께 노후에 관한 깊은 이야기를 나누었습니다.

경매에서 무조건 이기는 전략

경매라는 싸움에서 무조건 이기는 전략은 무엇일까요? 과감한 선택이야말로 완벽하게 이기는 전략이 될 수 있습니다.

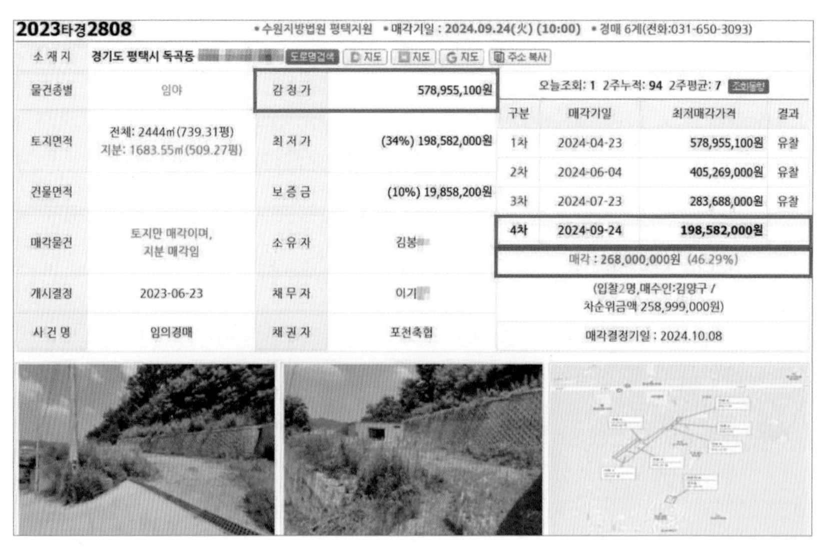

2023타경2808 • 수원지방법원 평택지원 • 매각기일 : 2024.09.24(火) (10:00) • 경매 6계(전화:031-650-3093)

소 재 지: 경기도 평택시 독곡동 [도로명검색] [지도] [지도] [지도] [주소 복사]

구분	내용	구분	내용
물건종별	임야	감 정 가	578,955,100원
토지면적	전체: 2444㎡(739.31평) 지분: 1683.55㎡(509.27평)	최 저 가	(34%) 198,582,000원
건물면적		보 증 금	(10%) 19,858,200원
매각물건	토지만 매각이며, 지분 매각임	소 유 자	김봉
개시결정	2023-06-23	채 무 자	이기
사 건 명	임의경매	채 권 자	포천축협

오늘조회: 1 2주누적: 94 2주평균: 7 [조회동향]

구분	매각기일	최저매각가격	결과
1차	2024-04-23	578,955,100원	유찰
2차	2024-06-04	405,269,000원	유찰
3차	2024-07-23	283,688,000원	유찰
4차	**2024-09-24**	**198,582,000원**	

매각 : 268,000,000원 (46.29%)

(입찰2명,매수인:김양구 / 차순위금액 258,999,000원)

매각결정기일 : 2024.10.08

출처 : 옥션원

구분	금액(원)	비고
감정가	578,955,100	-
공시지가	256,152,798	-
낙찰가	268,000,000	감정가 대비 46% 공시지가 대비 105%

1. 입지분석 및 주변 상황

토지 투자를 잘하기 위해서는 지역 선정을 잘해야 합니다. 성장하는 도시의 특징을 살펴보면 신도시가 만들어지고, 대형 산업단지가 들어서며, 인구가 증가하는 특징이 있습니다. 즉, 도시가 성장하기 위해서는 인구가 증가가 필연적이며, 인구 증가는 곧 새로운 일자리가 만들어진다는 것과 같습니다.

필자가 10년 전부터 토지 투자를 시작했던 평택시는 2025년 기준 약 60만 명이 거주하는 큰 도시로 발전하고 있습니다. 삼성이라는 대기업이 평택에 자리 잡으면서 사람들이 몰려들기 시작했고, 이에 따라 철도망도 자연스럽게 확충되고 있습니다. 특히, 평택지제역은 5개 노선이 연결된 환승역으로써 중요한 역할을 할 것으로 기대됩니다(1호선, SRT, GTX-A, GTX-C, KTX).

이렇게 성장한 평택의 땅값은 상상 이상으로 올랐습니다. 이제는 좋은 땅을 찾기도 어렵지만, 설령 찾았다고 하더라도 가격에 놀라 실수요자가 아니면 투자용으로 사기는 부담스러운 가격으로 올랐습니다. 평택과 같은 도시는 개발하기 전에 땅을 사야만 투자 수익을 올릴 수 있습니다. 이미 고덕국제신도시가 만들어지고 삼성산업단지가 들어선 지금, 고덕신도시에 투자용 땅을 사는 것은 큰 수익을 기대할 수 없습니다. 땅값이 이미 오를 대로 올라버렸기 때문입니다. 따라서 토지 투자는 향후 평택과 같이 대기업이 들어와 일자리가 만들어지는 곳에 선투자를 해야 투자 수익을 만들 수 있습니다.

평택에서 아주 저렴하게 매입한 사례가 있어서 소개해드립니다. 현재 평택은 투자 목적으로 매입할 저렴한 땅이 없다는 인식이 있습니다. 그런데 요즘 부쩍 경매에 관심을 가지고 물건을 조회하던 중 평택시 독곡동에 있는 임야를 주의 깊게 보게 되었습니다. 이곳은 필자가 너무

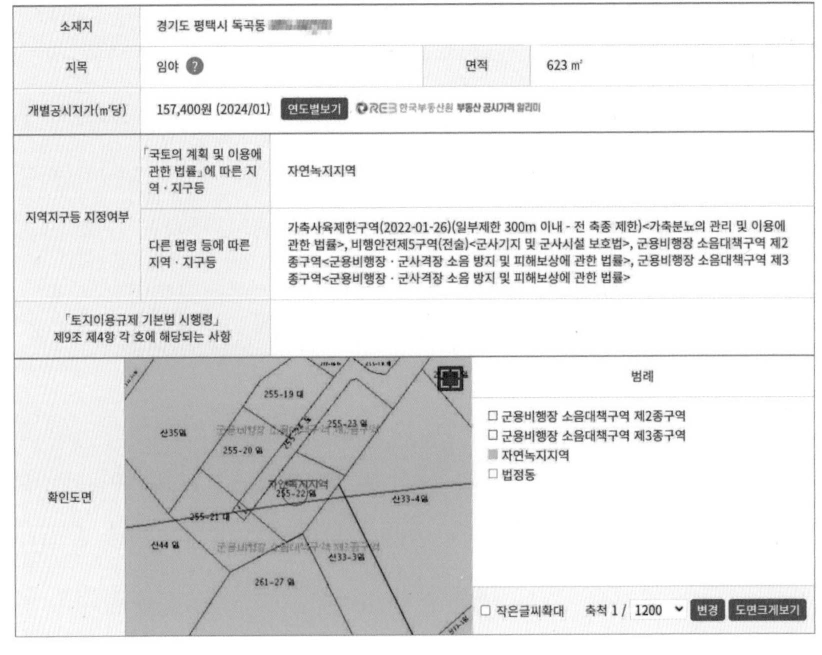

소재지	경기도 평택시 독곡동		
지목	임야	면적	623 ㎡
개별공시지가(㎡당)	157,400원 (2024/01) 연도별보기 REB 한국부동산원 부동산 공시가격 알리미		
지역지구등 지정여부	「국토의 계획 및 이용에 관한 법률」에 따른 지역 · 지구등	자연녹지지역	
	다른 법령 등에 따른 지역 · 지구등	가축사육제한구역(2022-01-26)(일부제한 300m 이내 - 전 축종 제한)<가축분뇨의 관리 및 이용에 관한 법률>, 비행안전제5구역(전술)<군사기지 및 군사시설 보호법>, 군용비행장 소음대책구역 제2종구역<군용비행장 · 군사격장 소음 방지 및 피해보상에 관한 법률>, 군용비행장 소음대책구역 제3종구역<군용비행장 · 군사격장 소음 방지 및 피해보상에 관한 법률>	
「토지이용규제 기본법 시행령」 제9조 제4항 각 호에 해당되는 사항			
확인도면	범례 □ 군용비행장 소음대책구역 제2종구역 □ 군용비행장 소음대책구역 제3종구역 ■ 자연녹지지역 □ 법정동 □ 작은글씨확대 축척 1 / 1200 변경 도면크게보기		

출처 : 토지이음

잘 알고 있는 지역으로 시세를 알고 있었기에 땅값이 적정한지 바로 판단할 수 있었습니다. 독곡동에 있는 임야는 지적도에서 보면 임야지만 실제로는 이미 개발이 된 땅이었습니다. 전원주택으로 개발하기 위해서 임야를 전용하고 개발허가를 받아 도로와 주택지를 구분해서 필지를 분할한 상태였습니다. 더불어 토목공사와 옹벽공사까지 마친 상태로 경매에 나온 물건이었습니다.

주변 시세를 확인해보니 대략 평당 200~250만 원 수준이었습니다. 해당 물건 전체 면적이 509평이고 감정가는 5억 8,000만 원, 최저매각가격이 1억 9,800만 원입니다. 이 지역 전원주택 시세에 대해 훤히 알고 있었기 때문에 결정하는 데 시간이 오래 걸리지는 않았습니다. 평당 약 40만 원에 불과해 이런 땅을 놓친다면 아주 큰 후회를 할 것 같았습니다. 특히, 이 주변 택지의 평당 땅값이 평균 200만 원이 넘는다는 것을 알고 있었기에 절대로 놓쳐서는 안 된다는 판단을 한 것입니다.

2. 감정가 대비 유찰 횟수

이렇게 좋은 땅이 왜 경매로 나왔고, 4회나 유찰되었는지 궁금했습니다. 여러 가지 원인을 검토하던 중 '토지만 매각이며 지분 매각임'이라고 표시되어 있었습니다. 경매를 잘 모르는 초보자나 상가 또는 아파트만 입찰하는 분들은 토지에 대한 이해도가 낮아서 이를 지분 경매라고 착각할 수도 있겠다는 생각이 들었습니다. 지분을 매각하는 토지라면 경매에 나오더라도 관심도가 떨어질 수밖에 없습니다. 지분을 인수해도 공유로 되어 있는 땅은 활용하기가 어렵기 때문입니다. 그래서 유찰이 4회까지 진행되었다는 생각이 들었습니다.

하지만 내용을 자세히 살펴보면 집을 지을 수 있는 단독 필지는 전부 매각이 가능하고 도로만 지분으로 매각하는 것입니다. 건축허가를 받으려면 도로에 대한 지분은 반드시 필요합니다. 만약 도로 지분이 없다면 도로를 가지고 있는 지주들을 찾아가 사용승낙을 받아야만 허가 받을 수 있습니다. 혹여나 사용승낙을 해주지 않는다면 건축이 불가능합니다. 따라서 도로지분은 꼭 가지고 있어야 합니다. 이 물건이 경매까지 나온 상황을 예상해본다면 아마도 공사업자가 공사대금을 마련하지 못해서 발생한 사건임을 추론할 수 있습니다. 공동으로 사용하는 도로의 지분까지 경매로 나왔다는 것은 업자가 가지고 있는 모든 것이 경매에 부쳐진 상태임을 알 수 있는 것입니다.

대부분의 사람은 지분 경매에 대해 잘 알지 못합니다. 심지어 경매를 전문적으로 하는 사람들조차 잘 모르는 경우가 많습니다. 그러나 토지를 전문적으로 다루다 보면 개발행위허가나 건축인허가에 대한 이해도가 높아지고, 이를 통해 이러한 문제를 해석하고 해결할 수 있는 능력이 생깁니다. 아는 만큼 보인다는 말이 바로 이럴 때 하는 이야기입니다.

3. 용도지역과 도로는 필수적으로 확인

이 지역은 용도지역이 도시지역 내 자연녹지이고 지목은 임야입니다. 현재 준공이 이루어지지 않아 대지로 전환하지 못했으나, 개발행위허가를 받아 도로 및 옹벽 공사까지 해놓은 상태입니다. 자연녹지라 건폐율 20%, 용적률 100%로 건축할 수 있습니다. 전체 면적 총 200평 정도의 부지로, 1층에 38평 규모의 전원주택을 지을 수 있는 면적을 자랑합니다. 실제로 건축된다면 마당 면적이 무려 150평 이상 되는 훌륭한 전원주택이 될 수 있는 곳입니다.

입구로 들어오는 도로는 아스콘으로 포장이 되어 있으며, 도로를 함께 사용하고 있는 맞은편 필지에는 이미 두 채의 전원주택이 지어져 있는 상태입니다. 경제 상황이 좋아지고 수요가 살아나면 이런 곳은 분명히 전원주택지의 실사용자들이 많이 찾는 위치입니다. 또한, 이곳은 주변이 산으로 둘러싸여 공기가 맑고 꽃이 피고 새가 날아다니며 나무들의 푸르름을 감상할 수 있는 최상의 주택지입니다. 그리고 주변에는 고급빌라와 전원주택 그리고 골프연습장까지 위치한 도심과도 가까운 입지입니다.

2024년은 부동산 경기가 좋지 않아서 주택에 대한 수요가 크게 줄었습니다. 수도권도 마찬가지이지만 지방은 더욱 심각합니다. 아파트도 미분양되는 시기여서, 요즘 전원주택지는 사실상 인기가 없습니다. 그러나 아무리 인기가 없어도 시세의 1/4 가격이면 놓쳐서는 안 됩니다. 투자는 이런 곳에 해야 합니다. 지금은 아무도 찾지 않지만 향후 수요가 몰려오면 제대로 된 값을 받을 수 있기에 믿음을 가지고 투자해야 합니다. 투자는 어려운 시기에 해야 가장 저렴한 가격으로 살 수 있고, 가장 좋은 시기에 팔아야 가장 높은 수익을 낼 수 있다는 것이 투자의 정석임을 잊지 말아야 합니다.

4. 이기는 경매

경매에서 낙찰을 잘 받는 이유가 있습니다. 그것은 확신입니다. 경매 법정에 들어설 때부터 필자는 이기는 게임을 하러 갑니다. 무조건 이긴다는 확신을 가지고 경매에 임하다 보면 이미 낙찰되어 있습니다. 이번 경매도 긴장은 되었지만, 확신할 수 있었습니다. 지분 경매가 포함되어 다른 사람들이 쉽게 입찰하기는 어려울 것이라는 예상을 했고, 역시 2명만 입찰에 참여했습니다. 혹시나 하는 마음에 최저가보다 7,000만 원을 높여 입찰했습니다. 이기는 게임을 하기 위해 과감하게 높였습니다. 높여 써도 평당 53만 원밖에 하지 않습니다. 주변 시세가 평당 200만 원 이상 하기 때문에 이번 입찰은 소심하게 할 필요가 없습니다. 낙찰받는 것이 곧 돈을 버는 것이기 때문에, 패찰했을 때 후회하지 않기 위해 적극적으로 임했습니다.

최종적으로 2명이 입찰해서 필자가 1등으로 낙찰을 받았습니다. 2등과의 차이는 단 1,000만 원밖에 차이가 나지 않았습니다. 2등은 어느 건설회사였습니다. 역시 공사대금 문제로 경매가 진행되었다는 것을 충분히 예상할 수 있었습니다. 만약 최저가에서 금액을 높이지 않았다면 낙찰받기 어려웠겠지만, 다행히 과감하게 승부를 겨룬 것이 주효했습니다.

사람 마음이 참 묘합니다. 단독으로 입찰해서 1등이 되면 왠지 모르게 아쉬움이 남는 반면, 2등과의 아슬아슬한 금액 차이로 1등을 차지하면 그렇게 기쁠 수가 없습니다. 결국 모든 것은 심리적 차이라고 생각합니다. 필자는 경매할 때 항상 이겨놓고 하는 게임을 합니다. 지는 게임은 하고 싶지 않기 때문입니다.

이기는 게임은 기회가 왔을 때 절대로 망설이지 않는 것입니다. 1등을 하기 위해서는 과감해질 필요가 있습니다. 작은 금액을 아끼려다 전체를 잃게 되는 실수를 하기 때문입니다. 과감하지 못하고 매 순간 망설이다 보면 좋은 기회들은 이미 다른 사람들의 손에 넘어가고 난 뒤가 되는 것입니다. 남들보다 신속하고 빠른 선택을 하기 위해서는 확실하고 완벽한 지식을 바탕으로 흔들리지 않는 일관된 마음을 유지해야만 이기는 게임을 할 수 있습니다.

반드시 잡아야 하는 물건이라면 2등보다 훨씬 높은 금액을 써서 확실하고 완벽한 1등이 되는 것이 이기는 게임의 방법입니다.

패찰을 통해 승리를 배우다

3,000만 원을 아끼려다 10억 원 이상을 놓친 어리석은 판단을 한 경험이 있습니다.

싸움을 하면서 한 대도 맞지 않고 싸워서 이길 수는 없습니다. 싸우다 보면 맞기도 하면서 도전적으로 임해야 승리할 수 있습니다. 싸우는 것이 무서워 도전하지 않는다면 영원히 승리할 수 없습니다. 질 줄도 알아야 이기는 방법도 배웁니다. 사실 지는 것을 통해 성숙해지고 실수를 줄여나갈 수 있기에 지는 것이 영원히 지는 것이 아닙니다.

투자에서도 마찬가지입니다. 항상 승리할 수는 없습니다. 때로는 손해를 보기도 하고, 기회를 날려버릴 때도 있습니다. 하지만 실패가 두려워 도전하지 않는다면 그것이야말로 가장 큰 손해입니다. 실패를 통해 교훈을 얻을 수 있기에 더 많은 실패를 경험해야 하고, 실패 속에서 승리의 방법을 찾을 때, 강인함이 만들어집니다.

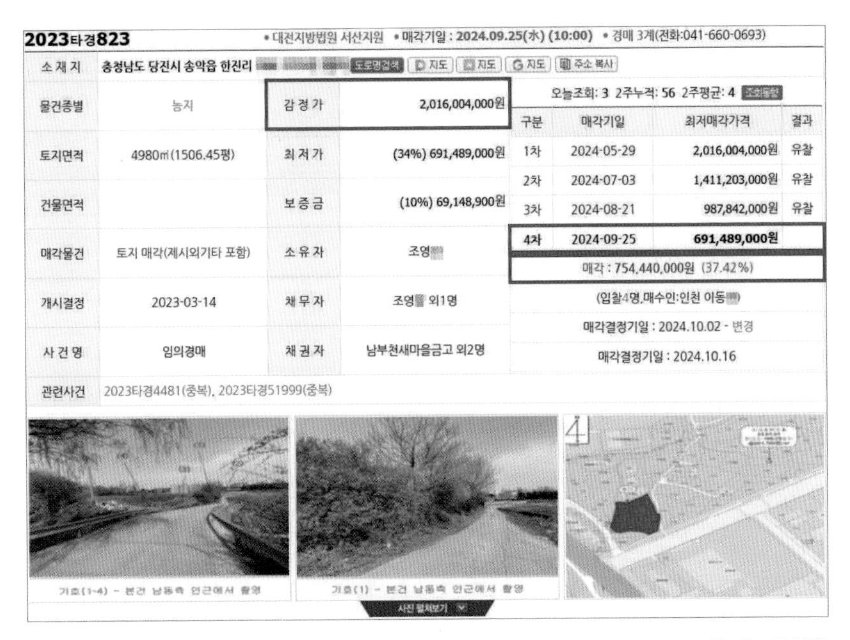
2023타경823 • 대전지방법원 서산지원 • 매각기일 : 2024.09.25(水) (10:00) • 경매 3계(전화:041-660-0693)

소 재 지	충청남도 당진시 송악읍 한진리		
물건종별	농지	감 정 가	2,016,004,000원
토지면적	4980㎡(1506.45평)	최 저 가	(34%) 691,489,000원
건물면적		보 증 금	(10%) 69,148,900원
매각물건	토지 매각(제시외기타 포함)	소 유 자	조영
개시결정	2023-03-14	채 무 자	조영 외1명
사 건 명	임의경매	채 권 자	남부천새마을금고 외2명
관련사건	2023타경4481(중복), 2023타경51999(중복)		

오늘조회: 3 2주누적: 56 2주평균: 4

구분	매각기일	최저매각가격	결과
1차	2024-05-29	2,016,004,000원	유찰
2차	2024-07-03	1,411,203,000원	유찰
3차	2024-08-21	987,842,000원	유찰
4차	2024-09-25	691,489,000원	
매각 : 754,440,000원 (37.42%)			
(입찰4명,매수인:인천 이동)			
매각결정기일 : 2024.10.02 - 변경			
매각결정기일 : 2024.10.16			

기호(1-4) - 본건 남동측 인근에서 촬영

기호(1) - 본건 남동측 인근에서 촬영

사진 펼쳐보기

출처 : 옥션원

구분	금액(원)	비고
감정가	2,016,004,000	-
공시지가	1,068,735,640	-
낙찰가	754,440,000	감정가 대비 37%, 공시지가 대비 71%

당진시 송악읍 한진리 땅을 통해 큰 실패를 경험했습니다. 너무 쉽게 생각했던 것이 패인이었습니다. 겸손하지 못했던 점을 깊이 반성해보는 시간이었습니다. 금액이 커서 단독 입찰을 기대했던 것이 패찰로 이어졌고, 좀 더 신중하게 생각하지 못한 것이 아쉬움으로 남습니다. 그러나 이런 실수는 자신을 더욱 단단하게 만들어가는 과정이 됩니다. 이런 기회가 다시 찾아온다면 절대로 실패하지 않을 것입니다.

1. 입지 확인 및 주변 상황

당진시 송악읍 한진리에 위치한 이 땅은 초보자가 봐도 '와' 하는 감탄이 나올 만큼 땅 모양이나 도로 여건, 그리고 주변 환경이 너무 좋은 입지를 가지고 있습니다.

이 땅은 아산국가산업단지 충남 부곡지구 6차선 대로변에서 20m 정도 떨어져 있는 계획관리지역입니다. 계획관리지역은 건폐율 40%, 용적률 100%로 공장이나 원룸 같은 다가구주택을 건축 시 활용도가 매우 높습니다. 대형 산업단지가 6차선 길 건너편에 있어, 현재 이 지역

소재지	충청남도 당진시 송악읍 한진리		
지목	답	면적	3,962 ㎡
개별공시지가(㎡당)	223,600원 (2024/01) 연도별보기 REB 한국부동산원 부동산 공시가격 알리미		
지역지구등 지정여부	「국토의 계획 및 이용에 관한 법률」에 따른 지역 · 지구등	계획관리지역 , 성장관리계획구역(2024-08-19)(송악01 산업형)	
	다른 법령 등에 따른 지역 · 지구등	가축사육제한구역(일부제한 모든 축종 제한)<가축분뇨의 관리 및 이용에 관한 법률>	
「토지이용규제 기본법 시행령」 제9조 제4항 각 호에 해당되는 사항			
확인도면		범례 □ 준보전산지 □ 공공시설구역 ■ 일반공업지역 ■ 계획관리지역 □ 성장관리계획구역 □ 가축사육제한구역 □ 대로2류(폭 30m~35m) □ 중로3류(폭 12m~15m) □ 완충녹지 □ 법정동 □ 작은글씨확대 축척 1 / 1200 변경 도면크게보기	

출처 : 토지이음

주변은 다가구주택(원룸)들이 들어서 있습니다. 특히, 이 땅과 경계선을 이루고 있는 곳에도 다가구주택이 10채 이상 지어져 있습니다. 이곳은 굳이 농지연금으로 활용하지 않고 창고시설이나, 제조장, 주택으로 사용해도 될 만큼 뛰어난 입지를 자랑하고 있습니다.

2. 감정가 대비 유찰 횟수

이렇게 좋은 입지의 땅이 최저가 34%까지 떨어져 4회 차 경매를 기다리고 있었습니다. 입지와 가격 모두 만족할 수 있는 물건입니다. 이 토지는 감정가 20억 원, 최저가 약 7억 원으로 경매에 나왔으며, 1,506평이라는 비교적 큰 면적입니다. 낙찰받으려면 최고가 금액을 8억 원 정도는 예상해야 합니다. 농지라서 농지취득자격증명서(이하 농취증)가 필요한데 온라인으로 미리 발급받을 수 있습니다. 정부24 홈페이지에 접속해 농업경영계획서를 작성 후 신청하면 7일 이내 결과가 나옵니다.

토지이용계획확인원을 보니, 땅 모양이 아주 좋으며. 도로와 약 80m에 걸쳐 붙어 있습니다. 지적도상으로는 도로가 없지만, 현황도로가 있어 해당 도로 지주들의 동의만 받으면 건축인허가도 가능하고 농지연금으로 활용해도 되는 토지입니다. 또한, 이 땅은 큰 도로에서 가깝다는 장점이 있습니다. 그리고 주변이 산업단지로 형성되어 있어 토지의 활용도가 높을 것으로 기대됩니다.

땅 면적이 넓지만 전혀 문제가 되지 않습니다. 여러 필지로 나뉘어 있는 것보다, 한 덩어리로 큰 면적을 가지고 있는 것이 투자 측면에서도 관리하기가 훨씬 용이합니다. 면적이 아주 크면 필지 분할을 통해, 2개나 3개 필지로 나눌 수도 있습니다. 특히, 도로에 붙어 있는 땅의 면적이 80m 이상이어서 필지를 4개 이상으로 분할해도 차량이 진입하고 통행하는 데 전혀 문제가 없습니다. 이렇게 도로에 길게 붙어 있는 땅이 나중에 팔기도 좋고, 개발할 때도 좋은 모양으로 만들 수 있는 장점도 있습니다.

3. 용도지역 필수 확인

이 땅의 용도지역은 계획관리지역입니다. 사실 이렇게 입지도 좋고 주변 환경도 뛰어난 땅을 농지연금용으로만 사용하기에는 너무 아깝습니다. 감정가의 34%로 떨어진 이 땅은 공시지가가 10억 원이 넘는 땅이기에 농지연금용으로 활용하기에도 매우 유리한 조건입니다. 투자자의 관점에서 보면 다양한 선택지가 있는 토지로, 상급지로 분류할 수 있습니다.

4. 공시지가 반드시 확인

공시지가는 약 10억 6,800만 원이며, 4회 차 경매로 나온 최저매각가격이 약 6억 9,000만 원으로 공시지가의 70% 수준입니다. 농지연금용으로 낙찰받은 땅 중에는 공시지가 대비 50%인 것도 있지만, 그런 땅은 농지연금용으로만 사용할 수 있는 토지입니다. 그러나 이 토지는 실사용자가 다양한 형태로 개발할 수 있는 땅으로, 향후 공시지가는 상당히 높게 오를 것으로 생각합니다. 현재 감정가가 약 20억 원이 넘는 만큼, 7억 원대에 낙찰받을 수 있다면 10억 원 이상의 차익을 기대할 수 있는 토지입니다.

금액이 큰 토지인 만큼, 입찰자가 많지 않을 것으로 예상했습니다. 한 달 동안 서산법원에 오가면서 느낀 것이 있는데, 농지 경매에서는 여러 가지로 갖춰야 할 항목들이 많아 일반인이 경매에 참여하는 경우가 많지 않다는 것을 확인했습니다. 농민이 아닌 사람이 농지를 소유하는 것이 어렵다는 인식과 더불어, 정부의 제도적 규제도 일반인들에게는 복잡하게 느껴지는 요인 중 하나였습니다. 이러한 이유로 일반인들은 실제보다 더 큰 두려움을 느낀다는 사실을 알게 되었습니다. 이는 농업 관련 현업에 종사하는 사람과 농지에 투자해서 수익을 창출하려는 사람과의 차이라고 생각하면 됩니다.

이 땅은 금액이 높아 사람들이 많이 몰릴 것 같지는 않았습니다. 그래서 최저가에 4,000만 원만 더해 7억 3,000만 원에 입찰했습니다. 이번에도 당연히 낙찰될 줄 알았습니다. 이렇게 큰 금액의 농지를 살 수 있는 사람은 많지 않겠다고 생각했습니다. 특히, 이렇게 좋은 땅은 절대로 패찰해서는 안 되는 땅입니다. 이런 땅이야말로 이겨놓고 싸움을 해야 하는 땅입니다. 그런데 패찰했습니다. 싸우면서 이기는 것이 아니라, 이겨놓고 싸워야 하는 게임을 너무 쉽게 생각했던 것이 패찰의 주요 원인이었습니다.

지금까지 낙찰받은 농지와는 분명히 차별화된 입지를 가진 농지라는 점을 인지하고도 방심했던 것입니다. 내 눈에 좋아 보이면 다른 사람들 눈에도 좋아 보이는 것이 지극히 당연한 것을 잠시 잊고 있었습니다. 입찰에 참여한 사람은 총 4명이었으며, 최고가 낙찰은 7억 5,400만 원을 쓴 분에게 돌아갔습니다. 필자는 순간 멍했습니다. 나만의 분석과 통계를 바탕으로, 이번 건은 금액이 커서 유찰될 가능성도 있다고 생각했기 때문입니다.

'이런 땅은 반드시 가져와야 하는데….'

아쉬움을 금할 수 없었습니다. 생각할수록 자신에게 화가 나기도 했습니다. 낙찰받지 못해서가 아니라, 안일한 생각이 일을 망쳤다는 점에서 더욱 화가 난 것입니다. 이 싸움은 반드시 이겨야 하는 싸움이었고, 이겨놓고 싸워야 하는 아주 좋은 입지의 땅이었는데 너무 쉽게 생각했던 것이 패찰의 원인이었습니다. 누구도 따라올 수 없는 금액으로 상향 입찰을 해도 수익이 나는 땅인데 너무 인색하게 금액을 낮춰 입찰했던 것입니다. 3,000만 원을 아끼려다 10억 원 이상을 놓친 어리석은 결과를 낳은 실패한 사례가 되었습니다. 이 사례를 통해 깨달은 점은 '이겨놓고 하는 싸움에서는 절대로 흔들려서는 안 된다'라는 것입니다. 확신하는 땅이라면 절대로 금액에 흔들려서는 안 됩니다. 조금 아끼려다 아주 큰 손해를 보게 된 이 사건은, 앞으로 흔들리지 않는 과감한 결정을 해야 한다는 교훈을 남겼습니다.

이 땅은 지금보다 미래가 더 기대되는 땅입니다. 매우 낮은 금액으로 경매 시장으로 나왔기 때문에 낙찰받는 순간 10억 원 이상의 수익을 볼 수 있었습니다. 게다가 시간이 지날수록 땅값이 올라가는 입지와 용도지역을 가지고 있는 땅이기에 가격은 지속적으로 상승할 것 같습니다. 이기는 게임은 목표한 금액을 절대로 수정하면 안 됩니다. 반드시 사수해야 합니다. 목표한 금액보다 더 낮게 나와도 따라서 낮출 필요가 없습니다. 그것을 따라가다 보면 경쟁하게 되고 경쟁하면 패찰하게 됩니다.

8억 원을 써도 엄청난 수익을 거둘 수 있는 물건이었지만, 입찰할 사람이 없을 것이라는 착각에 몇천만 원 낮춰서 입찰한 것이 패찰의 원인이 되었습니다. 역시 원칙이 깨지면 상식이 깨지고, 상식이 깨지면 결과가 바뀔 수 있다는 진리를 배웠습니다. 꼭 기억하시길 바랍니다. 압도적인 차이로 이길 수 있는 결정을 내려야 경매에서 이기는 게임을 할 수 있습니다.

토지 경매에서 이기는 전략

토지 경매에서 낙찰받기 위해서는 입찰 가격을 전략적으로 설정하고, 과감히 금액을 높여 무조건 이겨야 합니다.

2022타경56072 (2) • 대전지방법원 서산지원 • 매각기일 : **2024.09.25(水) (10:00)** • 경매 3계(전화:041-660-0693)

소 재 지	충청남도 당진시 석문면 삼화리		
물건종별	농지	감 정 가	398,915,000원
토지면적	2692㎡(814.33평)	최 저 가	(24%) 95,780,000원
건물면적		보 증 금	(10%) 9,578,000원
매각물건	토지 매각(제시외기타 포함)	소 유 자	윤주
개시결정	2022-09-27	채 무 자	윤주
사 건 명	임의경매	채 권 자	당진수협

오늘조회: 1 2주누적: 45 2주평균: 3

구분	매각기일	최저매각가격	결과
1차	2024-04-24	398,915,000원	유찰
2차	2024-05-29	279,241,000원	유찰
3차	2024-07-03	195,469,000원	유찰
4차	2024-08-21	136,828,000원	유찰
5차	**2024-09-25**	**95,780,000원**	
매각 : 132,000,000원 (33.09%)			
(입찰3명,매수인:경기 김양구)			
매각결정기일 : 2024.10.02			

출처 : 옥션원

구분	금액(원)	비고
감정가	398,915,000	-
공시지가	232,987,956	-
낙찰가	132,000,000	감정가 대비 33% 공시지가 대비 57%

1. 입지 확인 및 주변 상황

당진시 석문면 삼화리에 위치한 이 농지는 석문국가산업단지와 주거지역에 인접한 입지입니다. 주거지역과 직선거리로 400m 정도 떨어져 있어 도시에서 생활하며 농업에 종사할 수 있는 장점이 있습니다. 이런 농지는 농업에 종사하며 영농경력을 쌓아 농지연금을 받을 수 있는 아주 좋은 조건을 갖추고 있습니다. 특히, 공동주택과 가까워 도보로 다닐 수 있기 때문에 은퇴 후 소규모 농업을 희망하는 사람들에게 적합한 농지입니다.

2. 감정가 대비 유찰 횟수

이 땅은 4회 유찰된 후 5회 차 경매에서 감정가의 24%로 진행된 물건입니다. 토지 투자를 할 때는 자신만의 기준이 있어야 합니다. 땅을 사서 어떤 용도로 사용할 것인지 구체적인 계획을 세워야 자신에게 맞는 투자를 할 수 있습니다. 단순히 농사를 짓기 위한 목적이라면 잘 조성된 우량농지를 사는 것이 좋을 수도 있습니다. 이 경우 농사짓기에 알맞은 토질이나 농기계 진출입이 용이한 입지를 가진 토지를 찾아야 합니다.

당진은 아직까지는 시골 같은 도시입니다. 인구가 많은 것도 아니고 폭발적인 경제 성장이 일어나고 있는 도시도 아닙니다. 그러나 앞으로 150만 평 규모의 산업단지가 조성될 예정으로, 기업 유치가 기대되는 도시입니다. 현재만 보는 것이 아니라 10~20년 뒤를 내다볼 수 있는 안목이 있어야 투자에서 실패하지 않습니다. 특히, 이렇게 유찰이 많이 되어 최저가가 공시지가의 50% 이하로 떨어진 이런 토지는 꼭 낙찰받아야 합니다. 경기도 권역에서는 이렇게 단독 필지면서 도로에 잘 붙어 있고 농사짓기 좋은 땅이 4번이나 유찰되는 경우는 거의 없습니다.

이번 물건은 감정가 약 3억 9,800만 원, 공시지가는 약 2억 3,200만 원, 최저가는 약 9,500만 원으로 한눈에 봐도 감정가 대비 최저가가 너무 많이 떨어진 상태입니다. 농지연금을 신청하면 감정가 기준 90%를 적용받아 60세부터 평생, 매월 약 120만 원을 받을 수 있습니다. 투자 대비 매우 높은 수익률입니다. 이렇게 가격이 많이 떨어진 농지는 특별히 전략을 세울 필요도 없습니다. 무조건 이기는 전략을 세워야 합니다. 과연 이기는 전략이 무엇일까요? 어떻게 해야 내 땅으로 만들 수 있을까요?

3. 용도지역 확인

농지연금용 토지에 투자할 때 필수적으로 확인해야 할 것이 용도지역입니다. 용도지역을 반드시 확인하는 이유는 미래에 땅값을 상승시킬 잠재력을 가지고 있기 때문입니다. 이 땅은 계획관리지역이고, 지목은 전으로 도로만 넓힐 수 있다면 향후 소매점이나 창고 또는 제조장 같은 시설을 건축할 수 있습니다. 특히 계획관리지역은 매년 가격이 안정적으로 상승할 가능성이 높아, 농지연금용 투자에 적합하며 우수한 수익성을 보장할 수 있는 땅입니다.

4. 공시지가 반드시 확인

공시지가를 확인해보니 2억 3,200만 원입니다. 현재 5회 차 경매가 진행 중이며, 최저가가 공시지가의 절반 이하로 떨어진 아주 좋은 땅입니다. 이렇게 멀쩡한 농지가 공시지가의 절반 이하로 떨어진 사례는 매

소재지	충청남도 당진시 석문면 삼화리		
지목	전	면적	2,193 ㎡
개별공시지가(㎡당)	86,700원 (2024/01) 연도별보기		
지역지구등 지정여부	「국토의 계획 및 이용에 관한 법률」에 따른 지역 · 지구등	계획관리지역 , 성장관리계획구역(2024-07-10)(석문33 산업형) , 성장관리계획구역(2024-08-19)(석문33 산업형)	
	다른 법령 등에 따른 지역 · 지구등	가축사육제한구역(일부제한 모든 축종 제한)<가축분뇨의 관리 및 이용에 관한 법률>	
「토지이용규제 기본법 시행령」 제9조 제4항 각 호에 해당되는 사항			
확인도면		범례: 준보전산지, 계획관리지역, 농림지역, 성장관리계획구역, 가축사육제한구역, 법정동	작은글씨확대 축척 1 / 1200 변경 도면크게보기

출처 : 토지이음

우 드뭅니다. 간혹 5회 이상 유찰된 농지를 확인해보면 실제 사용이 어려운 휴경지이거나, 농지복구계획서를 작성해야 농취증을 발급받을 수 있는 경우, 또는 경작이 쉽지 않은 농지들이 대부분입니다. 또한, 지분으로 경매가 진행되거나 농지의 모양이나 도로 조건이 좋지 않은 경우도 많습니다.

5. 도로 확인

이 땅은 두 필지가 한 번에 경매로 나왔으며, 총면적은 약 814평입니다. 지적도를 확인해보면 도로에 접해 있습니다. 시골은 지적도상 도로보다도 현황도로가 더욱 중요합니다. 한적한 시골 땅은 대부분 현황도로가 많은데, 현황도로가 중요한 이유는 지적도상 도로가 없더라도 현황도로가 있으면 지주들의 동의를 받아 건축할 수도 있고, 농기계의 진출입도 가능하기 때문입니다.

현황도로는 함부로 막을 수 없습니다. 여러 사람의 땅과 접해 있는 특징이 있으며, 지주들의 동의만 있다면 지적도상 도로로 지정할 수도 있습니다. 경매에 나온 이 땅은 지적도상 도로와 접해 있고 현황도로여서 도로가 문제 되지 않는 훌륭한 토지입니다.

2024년 9월 25일, 반드시 이기는 게임을 하기 위해 정신을 가다듬고 아침 일찍 사무실에 출근했습니다. 그리고 직원들에게 선포했습니다. 이미 이 땅을 완벽하게 분석했기 때문에 “내 땅이다”라고 외쳤습니다. 당연히 낙찰받을 거라고 스스로에게도 다짐했습니다. 서산법원으로 출발하기 전 다시 한번 입찰자들의 관심도를 확인하기 위해 경매 사이트에서 조회 수를 확인해보니 주간 조회 수가 3번밖에 되지 않아 입찰할 사람이 많지 않을 것이라 예상을 했습니다.

하지만 최저가에서 저울질하기보다 2등과의 격차를 확실히 벌리는 전략이 더 중요합니다. 이미 5회 차 입찰이 진행된 상황에서는 가격이 충분히 낮아진 상태이므로, 큰 욕심으로 지나치게 낮은 가격을 고집하면 패찰로 이어지기 때문입니다. 이러한 이유로 경매 참여자들이 낙찰보다는 패찰하는 경우가 더 많습니다. 외줄 타는 심정이었습니다. 땅에 대한 확신이 있다면 과감한 결단이 필요합니다.

5회 차 경매에서 최고가로 입찰하는 것은 4회 차 경매 최저가로 입찰하는 것과 거의 같습니다. 조금 더 아끼려다 패찰하면 너무 아쉬울 것 같아, 가격을 넉넉하게 올려 입찰했습니다. 최저가가 9,570만 원이었지만 1억 3,200만 원으로 도전했습니다. 조회 수가 많지 않아 단독 입찰이 될 수도 있다고 생각했지만, 예상과 달리 3명이 입찰에 참여했습니다. 발표하기 전 가슴이 두근거렸습니다. 확신을 가지고 이기는 전략을 세웠지만, 간혹 의외의 결과를 마주하기도 합니다. 최저가보다 훨씬 높은 금액으로 입찰한 것이 다행이라고 생각했습니다.

드디어 법원에서 입찰자를 불렀습니다. 3명의 입찰자는 긴장된 표정으로 숨죽이며 봉투에서 입찰표를 꺼내는 순간을 지켜봤습니다. 몇 초 후면 1등 입찰자가 결정됩니다. 그리고 마침내, 결과가 발표되었습니다.

"최고가 매수인은 김양구 씨입니다."

이번에도 처음부터 이기는 전략으로 승부한 것이 통했습니다. 2024년 9월은 경매를 통해 4건을 낙찰받은 뜻깊은 한 달이 되었습니다. 경매에서 이기려면 물건에 대한 확신이 있어야 합니다. 그 확신은 물건에 대한 권리분석, 입지분석, 그리고 최저가라는 믿음에서 비롯됩니다. 확신이 섰다면 망설이지 말고 과감하게 돌진해야 합니다. 망설임은 지나가는 강아지에게 던져주고 자신에 대한 믿음과 기대를 가지고 이기는 전략으로 나가야 합니다. 이 전략으로 한 달 동안 4건의 물건을 낙찰받을 수 있었습니다. 계산해보니, 감정가 약 25억 원 상당의 토지를 8억 4,000만 원에 매입하는 성과를 거두었습니다.

과연 이기는 전략은 언제까지 통할 수 있을까요?

당신의 이기는 전략은 무엇입니까?

압도적으로 낙찰에 성공하기

경매에서 때로는 약간의 욕심만 내려놓으면 땅의 주인이 될 수 있습니다.

앞서도 이야기했지만, 얼마 전 노후를 대비해 농지연금으로 매월 300만 원 받는 땅을 낙찰받고 아내와 함께 기쁨을 나누었습니다. 농지연금은 1인당 받을 수 있는 최고 상한금액이 매월 300만 원이기 때문에 더 이상 농지연금용 땅은 필요하지 않습니다. 혼자 노후를 준비한 것 같은 기분이 들어, 아내에게도 농지연금용 땅을 사주기로 약속했습니다.

필자는 농사경력이 9년이 되는 농업인으로 농업경영체가 있지만, 아내는 가정주부이기에 농업인이 아닙니다. 농업인은 아니지만, 농지는 취득할 수 있습니다. 매입하는 사람이 거주지의 토지를 매입한다면 별도의 심사를 받지 않고 농업경영계획서를 작성해서 농취증을 신청할 수 있습니다. 하지만 해당 주소지나 연접되어 있는 시군구 지자체가 아

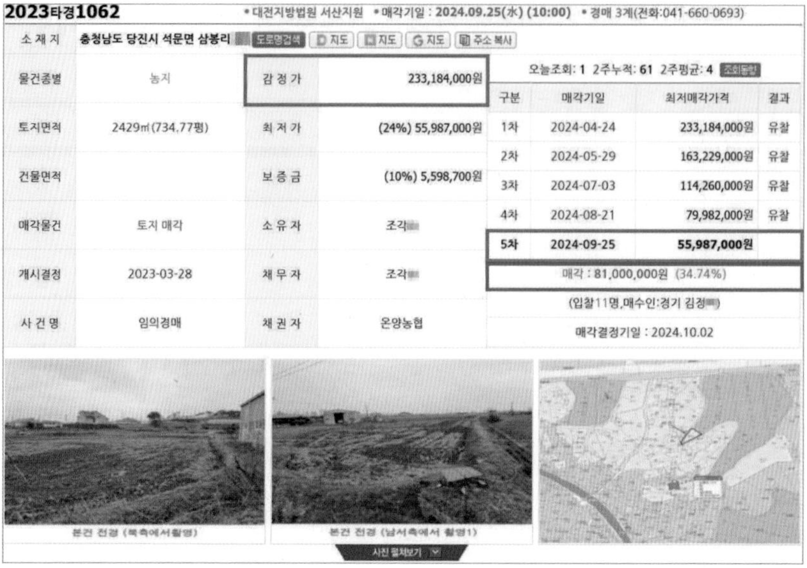

2023타경1062 • 대전지방법원 서산지원 • 매각기일 : 2024.09.25(水) (10:00) • 경매 3계(전화:041-660-0693)

소 재 지	충청남도 당진시 석문면 삼봉리						
물건종별	농지	감 정 가	233,184,000원	오늘조회: 1 2주누적: 61 2주평균: 4			
				구분	매각기일	최저매각가격	결과
토지면적	2429㎡(734.77평)	최 저 가	(24%) 55,987,000원	1차	2024-04-24	233,184,000원	유찰
건물면적		보 증 금	(10%) 5,598,700원	2차	2024-05-29	163,229,000원	유찰
				3차	2024-07-03	114,260,000원	유찰
매각물건	토지 매각	소 유 자	조각	4차	2024-08-21	79,982,000원	유찰
				5차	2024-09-25	55,987,000원	
개시결정	2023-03-28	채 무 자	조각	매각 : 81,000,000원 (34.74%)			
				(입찰11명,매수인:경기 김정)			
사 건 명	임의경매	채 권 자	온양농협	매각결정기일 : 2024.10.02			

본건 전경 (북측에서촬영) 본건 전경 (남서측에서 촬영1)

출처 : 옥션원

구분	금액(원)	비고
감정가	233,184,000	-
공시지가	159,305,483	-
낙찰가	81,000,000	감정가 대비 35% 공시지가 대비 51%

니면 심의를 받아야 하므로 농취증 발급이 까다로울 수 있습니다.

아내는 평택시에 주소지가 등록되어 있기 때문에 평택시나 평택시와 연접한 지역의 농지를 살 경우, 별도의 심의 없이 농취증을 신청할 수가 있습니다. 평택과 연접한 지역의 농지를 검색하던 중 당진에 있는 작은 농지가 눈에 들어왔습니다. 아내에게 선물할 알맞은 농지연금용 땅이었습니다. 아내는 농업인이 아니기 때문에 농업경영계획서를 꼼꼼하게 작성해야 합니다. 농업인이 아닌 사람이 실제로 경작한다는 것은 쉬운 일이 아닙니다.

실제 농사를 짓기 위해서는 많은 노력과 농사에 대한 다양한 지식이 필요합니다. 농지를 투자 목적으로 사시는 분들이 제일 두려워하는 부분은 실제로 농사를 지어야 한다는 점일 것입니다. 그래서 많은 사람들이 임야나 이미 개발된 택지에 투자하는 경우가 많습니다. 농사가 어렵다고 느껴지는 이유는 실제로 농사를 해본 경험이 없고 방법을 잘 모르기 때문입니다. 하지만 요즘은 농사를 보다 쉽게 지을 수 있는 다양한 방법들이 마련되어 있습니다. 현장에서 직접 배우고 지식을 쌓으며 노력한다면 이러한 어려움은 충분히 극복할 수 있습니다.

농업경영체를 등록하려면 먼저 농지를 매입한 후 실제로 농사를 짓고, 농자재 구입 영수증을 준비해 국립농산물품질관리원에 신청해야 합니다. 신청하면 담당자가 현장을 실사한 뒤 농업경영체 증명을 발급합니다. 농업경영체가 발급된다는 것은 영농경력이 인정되는 농업인이라는 것을 증명하는 것입니다. 아내는 본인 명의의 농지가 없기 때문에 먼저 농지를 매입한 후 농사를 짓고 농업경영체를 신청하는 단계를 밟아야 합니다.

1. 입지 확인 및 주변 상황

이 땅은 734평 규모의 삼각형 모양을 하고 있으며, 지목은 답인 농지입니다. 현재 논에는 벼가 심어져 있어 농사용으로 전혀 문제가 없습니다. 사실 농사 중에 가장 수월한 것이 벼농사입니다. 벼농사는 인력이 거의 필요하지 않습니다. 논을 갈고, 벼를 심고, 수확하고, 탈곡하는 모든 과정이 기계로 이루어지기 때문입니다. 특히 주변의 농사짓는 분들의 도움을 받을 수 있다면, 가장 수월한 농사가 벼농사입니다.

2. 감정가 대비 유찰 횟수

이 물건의 감정가는 약 2억 3,000만 원이지만, 최저매각가격은 약 5,600만 원으로 감정가 대비 금액이 크게 떨어진 상태입니다. 현재 4회 유찰되어 5회 차 경매가 진행 중인 물건입니다. 공시지가를 확인해 보면 약 1억 6,000만 원으로 최저가는 공시지가의 1/3 가격입니다. 이런 농지를 낙찰받는다면 얼마나 행복할까요? 만약 최저가로 낙찰받는다면 실투자금은 1,000만 원으로 해결할 수 있습니다. 경락잔금대출로 약 4,500만 원이 나오기 때문에 실제로 현금 약 1,000만 원으로 내 땅을 만들 수 있는 것입니다.

이처럼 금융을 잘 이해하고 레버리지를 활용하면 사실은 큰돈이 들지 않습니다. 또한, 1년 후 감정평가를 다시 받아 다른 은행으로 대체상환(이하 대환)을 할 경우, 농지는 감정가의 약 75%까지 대출이 가능해져 최대 1억 8,000만 원까지 받을 수 있습니다. 이를 통해 약 1억 3,000만 원의 추가 대출을 확보할 수 있어, 실제 돈이 없어도 투자가 가능해집니다.

이 내용을 이해하고, 실제 행동으로 옮길 용기가 있다면, 당신은 토지 투자에서 이미 성공한 사람이라고 할 수 있습니다. 하지만 애석하게도 많은 투자자들은 이런 금융 구조를 제대로 이해하지 못합니다. 실제로 경험해보지 않았기 때문입니다.

3. 용도지역 확인

이 농지의 용도지역은 생산관리지역입니다. 계획관리지역이면 더욱 좋겠지만 생산관리지역도 나쁘지 않은 이유가 있습니다. 공시지가 대비 최저매각가격이 매우 낮기 때문에 농지연금용으로는 훌륭한 농지라고 할 수 있습니다. 특별히 농지를 전용하지 않는 이상 농지연금용으로 사용하기에 알맞고, 소액으로도 영농경력을 쌓을 수 있는 매력이 있습니다. 농사경력이 없는, 처음으로 농업인이 되고자 하는 사람에게 알맞은 땅이라고 할 수 있습니다.

4. 공시지가 확인

공시지가는 약 1억 6,000만 원이고, 최저매각가격은 5,600만 원으로 공시지가의 35% 수준입니다. 이 금액으로 낙찰받는다면 엄청난 농지연금 수익률을 올릴 수 있습니다. 경매에서 이런 땅은 너무 신중하면 안 됩니다. 이렇게 크게 경매가가 떨어진 농지는 과감하게 입찰해도 무리가 없습니다. 상당히 낮은 금액으로 떨어졌기 때문에 욕심을 부리면 패찰할 확률이 높습니다. 농지연금은 감정가의 90%를 적용합니다.

이 땅을 낙찰받으면 감정가가 2억 3,000만 원이므로, 감정가의 90%에 해당하는 약 2억 원을 농지연금으로 활용할 수 있습니다. 계산해보면 60세부터 매월 약 70만 원이 평생 지급됩니다. 이는 투자 대비 엄청난 수익을 만드는 것입니다.

이런 땅은 입찰자가 엄청나게 몰릴 것입니다. 과연 이 땅을 낙찰받을 수 있을까요? 이기는 전략이 필요합니다. 이겨놓고 경쟁해야 합니다. 어떻게 하면 이겨놓고 경쟁할 수 있을까요?

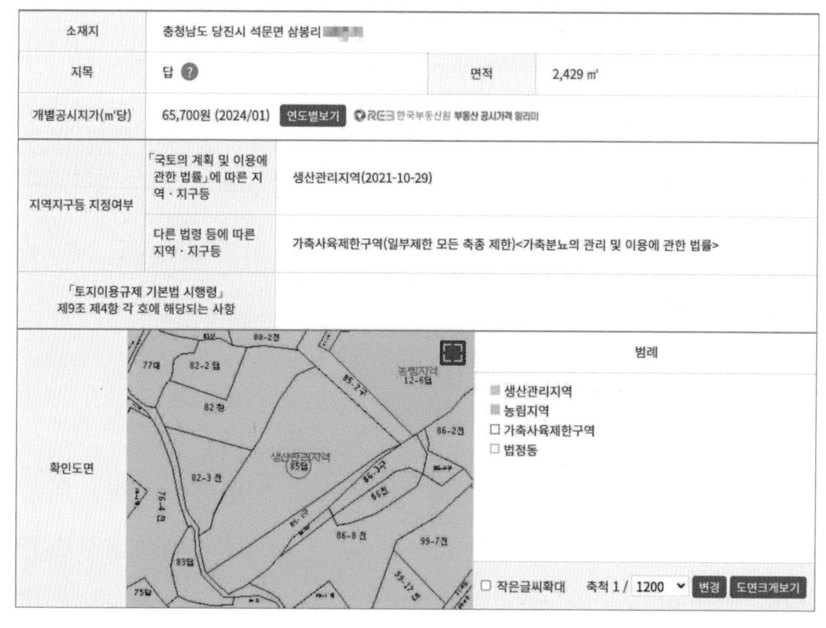

소재지	충청남도 당진시 석문면 삼봉리		
지목	답	면적	2,429 ㎡
개별공시지가(㎡당)	65,700원 (2024/01) 연도별보기		

지역지구등 지정여부	「국토의 계획 및 이용에 관한 법률」에 따른 지역 · 지구등	생산관리지역(2021-10-29)
	다른 법령 등에 따른 지역 · 지구등	가축사육제한구역(일부제한 모든 축종 제한)<가축분뇨의 관리 및 이용에 관한 법률>
「토지이용규제 기본법 시행령」 제9조 제4항 각 호에 해당되는 사항		

출처 : 토지이음

5. 도로 확인

이 땅 바로 옆에는 현황도로가 있습니다. 지적도상으로는 구거로 표기되어 있지만, 점용허가를 받을 수 있어 문제가 되지 않습니다. 또한, 농기계가 출입할 수 있는 포장도로가 있어 농사를 짓는 데 전혀 지장이 없습니다.

최저가가 낮은 물건이라 경쟁이 불가피할 것 같았습니다. 예상대로 경매 당일 11명이 입찰에 참여했습니다. 이런 상황에서 어떻게 하면 이기는 게임을 할 수 있을까요? 여러분이라면 어떻게 하시겠습니까? 아내에게 선물할 땅을 절대 남에게 빼앗겨서는 안 됩니다. 이기는 전략을 사용했습니다. 권리분석, 입지분석, 감정평가, 공시지가 확인, 도로 상황까지 모두 완벽에 가까운 분석을 마쳤기 때문에 입찰에 대한 망설임은 없었습니다.

많은 사람이 입찰가를 두고 눈치를 볼 것이 자명합니다. 이럴 때 이기는 게임은 망설이지 말고 최고가를 써내는 것입니다. 5회 차 경매에서 최고가를 써도 4회 차 최저가 수준입니다. 눈치만 보고 욕심을 부리다가 매입해야 할 토지를 놓칠 수 있습니다. 욕심을 조금만 내려놓고 금액을 조금만 올리면 이기는 게임의 승자가 될 수 있는데, 대부분의 사람이 그렇게 하지 못합니다.

이 게임의 최종 승자는 누가 되었을까요?

예상대로 8,100만 원에 아내가 낙찰받았습니다. 이런 게임은 이겨놓고 게임을 해야 합니다. 이겨놓고 해야 하는 게임은 아무도 예상하지 못한 금액으로 치고 나가 낙찰받는 것입니다. 8,100만 원은 감정가의 35%, 공시지가의 51%에 해당하는 금액입니다.

11명의 입찰자 중 최종 승자가 될 수 있었던 비결은 욕심을 내려놓고 과감히 결정했기 때문입니다. 조금만 가격을 높이면 낙찰받는 데 아무런 문제가 없으며, 그렇다고 해서 손해가 되는 것도 아니라는 점을 꼭 기억하시길 바랍니다. 감정가의 35%로 낙찰받았기 때문에 더욱 값진 1등이라고 할 수 있습니다. 이겨놓고 하는 게임이라는 것이 바로 이런 경우를 두고 하는 말입니다.

이기는 게임에 대해서 당신은 어떻게 생각하십니까?

당신은 경매를 통해 토지를 낙찰받은 경험이 있으신가요?

당신은 이기는 게임으로 한 달에 4개의 토지를 낙찰받은 경험이 있으신가요?

필자는 이기는 게임 전략으로 한 달에 4개의 토지를 낙찰받았으며, 낙찰가는 감정가 대비 모두 30~40% 수준이었습니다. 이기는 게임의 핵심은 당신이 목표한 금액을 반드시 지키는 것입니다. 목표한 금액보다 더 낮게 입찰이 시작되더라도 굳이 따라갈 필요는 없습니다. 그것을 따라가다 보면 경쟁하게 되고 결국 패찰하게 됩니다. 우리가 해야 할 게임은 언제나 이겨놓고 시작하는 게임이어야 합니다.

완벽하게 준비하면 100% 승리

땅을 보는 실력은 경매에서도 필요합니다.

2023타경55038 • 대전지방법원 서산지원 • 매각기일 : 2024.10.08(火) (10:00) • 경매 6계(전화:041-660-0696)

소 재 지	충청남도 당진시 송악읍 중흥리		
물건종별	농지	감 정 가	1,355,662,000원
토지면적	4791㎡(1449.28평)	최 저 가	(24%) 325,494,000원
건물면적		보 증 금	(10%) 32,549,400원
매각물건	토지 매각(제시외기타 포함)	소 유 자	이연
개시결정	2023-06-23	채 무 자	(주)피케이엘제이
사 건 명	임의경매	채 권 자	안중농협

오늘조회: 25 2주누적: 67 2주평균: 5

구분	매각기일	최저매각가격	결과
1차	2024-02-27	1,355,662,000원	유찰
2차	2024-04-02	948,963,000원	유찰
3차	2024-05-07	664,274,000원	유찰
4차	2024-06-11	464,992,000원	유찰
	2024-08-20	325,494,000원	변경
5차	2024-10-08	**325,494,000원**	
매각 : 470,550,000원 (34.71%)			
(입찰15명,매수인:경기 소봉)			
매각결정기일 : 2024.10.15			

본건 전경 (기호1 동측에서촬영)

본건 전경 (기호1 북측에서 촬영)

출처 : 옥션원

구분	금액(원)	비고
감정가	1,355,662,000	-
공시지가	623,471,455	-
낙찰가	470,550,000	감정가 대비 35% 공시지가 대비 75%

1. 입지분석 및 주변 상황

당진시 송악읍 중흥리에 위치한 입지가 아주 좋은 땅이 경매로 나왔습니다. 이 땅은 4회 유찰 후 기일 변경된 경매 사건으로, 낙찰되더라도 약간 불안한 물건이었습니다. 채권자들이 채권을 회수하지 않을까 하는 불안감이 생길 만큼 너무 훌륭하고, 뛰어난 입지의 땅이라 관심 있게 지켜봤습니다.

이 땅은 도로를 중심으로 한쪽은 계획관리지역, 반대편은 도시지역의 자연녹지로 이루어진 도심과 매우 근접한 땅입니다. 한눈에 보더라도 주변에 원룸(다가구주택)이 많이 보일 정도로 향후 도시의 확장이 기대되는 지역입니다. 이런 땅이 경매에 나온 것도 이상한데 4회나 유찰되었다는 사실은 믿기 어려웠습니다.

감정가가 13억 5,000만 원이지만, 최저입찰가격은 3억 5,000만 원까지 떨어졌습니다. 권리분석에서도 전혀 문제가 없는 깨끗한 땅으로, 불법건축물이나 묘지도 없고, 유치권이 행사될 가능성도 없는 완벽한 땅이 4회나 유찰되었다는 것이 믿기지 않았습니다. 다만, 1,449평가량의 면적이 약간 부담스러웠지만, 다른 특이 사항은 없는 땅이었습니다. 출구전략을 생각해보더라도 아무런 문제가 없었습니다. 면적이 넓어 분할해서 매매하는 출구전략을 구사할 수도 있습니다.

주변에 대해 완벽하게 분석한 후, 경매를 시작하기 전 농취증을 미리 발급받았습니다. 마침 그때 후배가 농지연금용으로 좋은 땅을 찾았다면서 서류를 들고 찾아왔습니다. 입지를 분석해보니 나쁘지 않은 것 같아 필자에게 확인받으러 온 것이었습니다. 그런데 아뿔싸! 후배가 말한 땅이 필자가 준비해둔 바로 그 땅이었습니다. 좋은 땅은 누가 보더라도 한눈에 보이나 봅니다. 후배의 물건 보는 안목과 실력이 상당히 좋아졌음을 확인하는 순간이었습니다. 후배에게 얼마 전부터 공을 들여 입찰 준비를 다 해놓은 땅이라고 말하자 후배는 빙그레 웃으며 "대표님, 이번 한 번만 양보해주십시오!"라고 간절히 부탁했습니다. 결국 필자는 후배에게 양보하며, 당부와 응원의 말을 건넸습니다.

"반드시 낙찰받아야 해. 그래야 양보한 보람이 있을 것 같다."

2. 감정가 대비 유찰 횟수

감정가 13억 5,000만 원인 이 땅은 4회 유찰 끝에 최저매각가격이 3억 2,500만 원까지 떨어졌습니다. 이유를 불문하고 반드시 잡아야 할 땅입니다. 낙찰된다면 최소 7억 원 이상의 수익이 보장된 것이나 다름없습니다. 입지도 뛰어나며 땅 모양도 좋고 용도지역 또한 앞으로 가격 상승이 예상되는 지역이라, 더욱 기대되는 물건입니다.

가장 매력적인 것은 결국 가격입니다. 가격이 사람의 심장을 두근거리게 만드는 원인입니다. 그러나 두근거리는 가슴을 진정시키고 냉정하게 현실을 판단해야 합니다. 그래야만 치열한 경쟁에서 승리할 수 있습니다.

수도권에서는 토지가 특별한 하자 없이 이렇게까지 가격이 떨어지는 것은 드문 일입니다. 일반적으로 4회 이상 유찰이 되는 땅은 지분경매거나, 유치권이 있거나, 묘지나 위반 건축물이 있어서 농취증이 발급되기 어려운 경우가 대부분입니다. 당진은 수도권이 아니기 때문에 가격이 많이 떨어질 수 있다고 판단되지만, 수도권과 그리 멀지 않은 지역이라 미래가 충분히 기대되는 땅입니다.

후배에게 양보한 땅이기에 반드시 낙찰받을 수 있도록 조언해주었습니다. 반드시 이기는 전략이 필요했습니다. 후배에게 이번 경매는 전회 차의 최저가를 훌쩍 뛰어넘는 입찰가를 적어야 한다고 조언해주었습니다. 또한, 많은 사람이 입찰할 것이라고도 귀띔해주었습니다. 이런 땅은 개발 후 매매하기에 좋은 조건을 갖추고 있어, 분명 경매꾼들이 몰릴 것을 예상했습니다. 따라서 경쟁자가 따라올 수 없도록 과감하고 확실한 전략을 세우는 것이 필수적이었습니다.

대부분의 경매꾼은 해당 회의 최저가를 기준으로 경쟁합니다. 경매법정에 앉아 낙찰되는 패턴을 연구하다 보면, 사람들이 어느 정도 가격대에서 경쟁하는지 파악이 됩니다. 대부분의 경매하는 사람들은 한정된 돈으로 입찰해야 하기 때문에 최저가에 낙찰받기를 원합니다. 그로 인해 확실히 이길 수 있는 가격으로 입찰하지 못하고, 결국 패찰하게 됩니다.

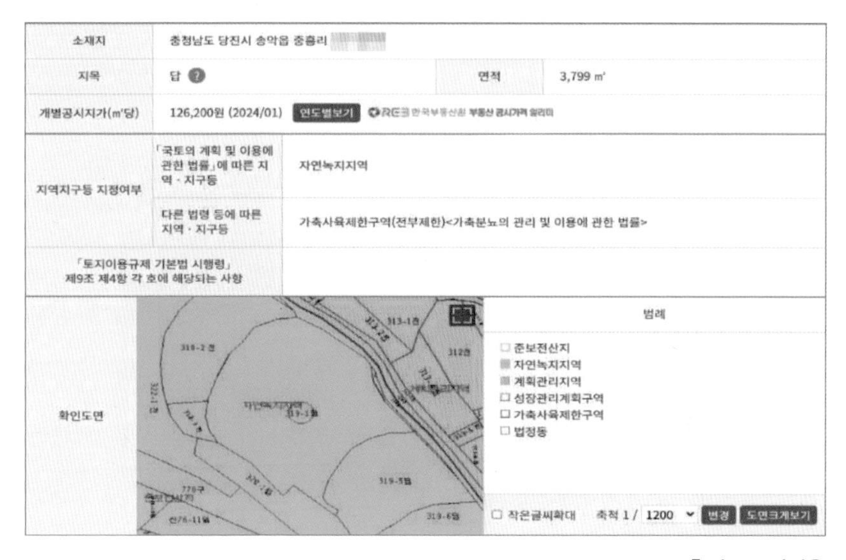

소재지	충청남도 당진시 송악읍 중흥리		
지목	답	면적	3,799 ㎡
개별공시지가(㎡당)	126,200원 (2024/01) 연도별보기	한국부동산원 부동산 공시가격 알리미	
지역지구등 지정여부	「국토의 계획 및 이용에 관한 법률」에 따른 지역 · 지구등	자연녹지지역	
	다른 법령 등에 따른 지역 · 지구등	가축사육제한구역(전부제한)<가축분뇨의 관리 및 이용에 관한 법률>	
「토지이용규제 기본법 시행령」 제9조 제4항 각 호에 해당되는 사항			
확인도면		범례	준보전산지, 자연녹지지역, 계획관리지역, 성장관리계획구역, 가축사육제한구역, 법정동
		작은글씨확대	축척 1 / 1200 변경 도면크게보기

출처 : 토지이음

2024년 9월, 필자는 경매를 통해 5번 입찰을 하고 4번 낙찰받았습니다. 이렇게 입찰 대비 낙찰 확률이 높은 이유는 확실하게 가격을 높여 다른 경쟁자가 따라오지 못하는 가격으로 입찰했기 때문입니다. 이 물건처럼 5회 차에서는 감정가의 25% 수준으로 가격이 이미 떨어질 대로 떨어진 상태입니다. 따라서 최저가를 고수하면 절대 낙찰받을 수 없습니다. 차라리 전회 차의 최저가 수준으로 입찰가를 올리는 것이 낙찰 확률을 높이는 방법입니다. 그렇게 해도 감정가의 34% 가격으로 낙찰받을 수 있습니다. 필자가 낙찰받은 4건 모두 입찰가를 높게 써도 감정가의 35% 내외에서 낙찰이 되었습니다. 경매는 결국 생각을 조금 더 유연하게 하는 사람에게 기회가 돌아갑니다.

3. 용도지역, 공시지가, 도로 확인

후배에게 거듭 당부했습니다.

"입찰가를 소심하게 쓰지 마라. 가격을 아끼지 마라. 이기려면 확실하게 이겨야 한다. 이겨놓고 하는 싸움을 해라."

너무 좋은 땅이지만, 반드시 후배가 낙찰받기를 바라는 마음에서 양보했기에 계속 마음이 쓰였습니다. 만약에 후배가 낙찰받지 못하고 다른 사람에게 빼앗긴다면, 필자도 아쉬움이 클 것 같아 후배에게 이기는 전략에 대해 더욱 아낌없이 설명을 해주었습니다.

이 땅은 농림지역이 아닌 도시지역의 자연녹지여서 더욱 가치가 높습니다. 도로가 길게 확보되어 있어 향후 개발하기도 너무 좋습니다. 농지연금으로 사용해도 용도지역이 자연녹지라 지가 상승 속도가 농림지역보다 훨씬 빠릅니다. 공시지가는 6억 2,000만 원이며, 최저매각가격인 3억 2,000만 원은 공시지가의 50% 수준에 불과합니다. 이렇게 저렴한 가격의 땅은 절대로 놓칠 수 없어 후배와 함께 전략을 충분히 논의했습니다.

드디어 기다리던 경매 기일이 되었습니다. 경매 법정은 역시나 사람들로 붐볐습니다. 좋은 땅이라는 기대 때문인지 사람들이 많아 보여서 약간의 불안감이 들었습니다. 마치 내가 본 물건에 모두 참여하는 것

아닌가 하는 생각이 들었지만, 이럴 때일수록 절대 흔들리면 안 됩니다. 목표한 금액은 주변 환경에 상관없이 일관되고, 흔들림 없이 고수해야 합니다. 혹시 사람이 적게 왔다고 해서 가격을 낮추거나, 사람이 많이 왔다고 해서 가격을 높일 필요는 없습니다. 이미 전략적으로 접근해서 결정한 가격이므로, 그대로 밀고 나가야 합니다.

이미 우리는 전회 차의 최저가를 넘는 금액으로 입찰가를 결정했기 때문에 더 높일 필요는 없었습니다. 이렇게 전회 차 최저가까지 올려도 낙찰되지 않는다면 이 물건은 내 것이 아니라고 생각해야 합니다. 물건이 이것만 있는 것이 아니고 기회는 또 있습니다. 다음 기회를 기다릴 여유도 필요합니다. 이번에 안 되었다고 해서 계속 안 되는 것은 아닙니다. 아쉬움 속에 좌절하고 절망한다면 길게 갈 수 없습니다. 사실 기회를 찾는 사람에게는 기회가 자주 옵니다. 다만, 그 기회를 내 것으로 살리지 못했을 뿐, 기회가 오지 않는 것은 절대 아닙니다.

이 물건에 입찰자들이 대거 몰렸습니다. 역시 예상했던 대로였습니다. 서류뭉치를 손에 든 사람들의 모습에서 경매를 전문적으로 다루는 사람들임을 직감할 수 있었습니다. 그러나 필자는 오히려 마음속으로 다행이라고 생각했습니다. 차라리 경매꾼들만 입찰에 참여했으면 좋겠다는 생각을 했습니다. 경매꾼들은 전회 차 최저가 수준까지 입찰가를 높게 쓰지 못합니다. 경매꾼들끼리 낮은 금액에서 서로 경쟁하기 때문입니다.

필자가 5번의 입찰에 참여해 4번의 낙찰을 감정가 대비 30%대의 가격으로 받을 수 있었던 것도 결국 경매꾼들과 싸움에서 이겼기 때문입니다.

실제 그 땅이 꼭 필요한 실사용자와 경쟁에서 이긴 것이 아닙니다. 그 땅이 꼭 필요한 실사용자를 상대로는 절대로 이길 수 없습니다. 실사용자는 반드시 그 땅을 확보해야 하기 때문에 압도적인 금액을 써서 모든 경쟁자를 이깁니다. 필자가 아무리 실력이 좋아도, 실사용자와의 경쟁에서는 절대로 이길 수가 없습니다.

경매하기 위해 법원에 자주 드나들수록, 경매는 결국 심리적인 싸움이라는 것을 더욱 실감하고 있습니다. 땅을 보는 실력 있는 눈은 경매에서도 올바른 판단을 내릴 수 있는 잣대가 됩니다. 결국 실력이 있어야 경매에서도 좋은 땅을 골라내고 심리적인 싸움에서도 이길 수 있습니다.

15명이 입찰한 이 땅은 4억 7,000만 원에 입찰한 후배가 낙찰받았습니다. 이기는 전략으로 승부를 겨룬 것이 주효했습니다. 전회 차의 최저가를 넘겨 입찰한 것이 결국 승리를 만들어낸 것입니다. 함께 입찰했던 14명은 5회 차에서 낮게 받으려는 눈치 싸움에서 완벽하게 패하고 만 것입니다. 후배는 13억 5,000만 원의 땅을 4억 7,000만 원으로 낙찰받아 엄청난 시세차익을 실현한 주인공이 되었습니다.

준비된 자에게 10분은 충분한 시간

준비된 실력과 빠른 판단이 또 하나의 기적을 만들었습니다.

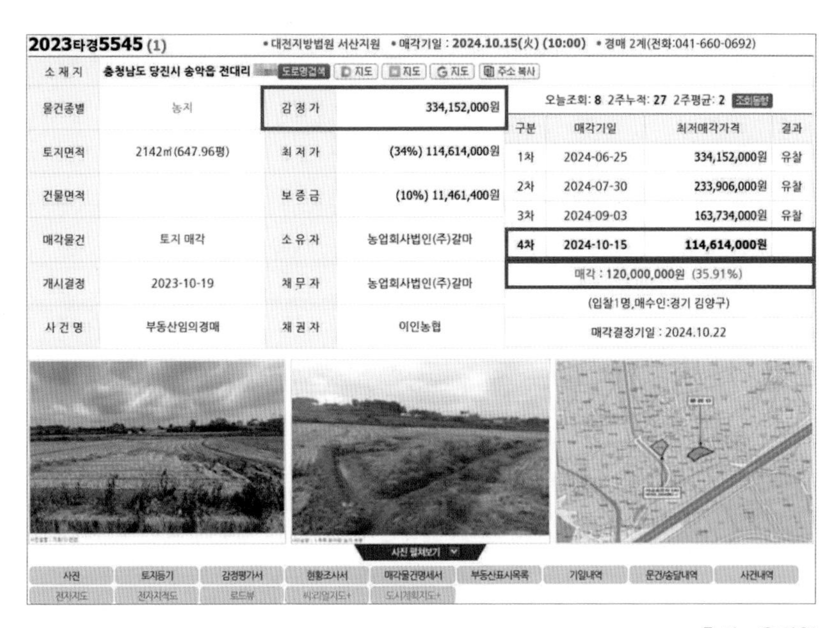

2023타경5545 (1) • 대전지방법원 서산지원 • 매각기일 : **2024.10.15(火) (10:00)** • 경매 2계(전화:041-660-0692)

소 재 지	충청남도 당진시 송악읍 전대리		
물건종별	농지	감 정 가	334,152,000원
토지면적	2142㎡(647.96평)	최 저 가	(34%) 114,614,000원
건물면적		보 증 금	(10%) 11,461,400원
매각물건	토지 매각	소 유 자	농업회사법인(주)갈마
개시결정	2023-10-19	채 무 자	농업회사법인(주)갈마
사 건 명	부동산임의경매	채 권 자	이인농협

오늘조회: 8 2주누적: 27 2주평균: 2

구분	매각기일	최저매각가격	결과
1차	2024-06-25	334,152,000원	유찰
2차	2024-07-30	233,906,000원	유찰
3차	2024-09-03	163,734,000원	유찰
4차	**2024-10-15**	**114,614,000원**	

매각 : 120,000,000원 (35.91%)

(입찰1명,매수인:경기 김양구)

매각결정기일 : 2024.10.22

출처 : 옥션원

구분	금액(원)	비고
감정가	334,152,000	-
공시지가	102,423,037	-
낙찰가	120,000,000	감정가 대비 31% 공시지가 대비 117%

보험회사에 다닐 때 리더십 교육에 가면 늘 들었던 이야기가 있습니다.

"준비된 자 앞에서 실수는 작은 교훈이 되지만, 준비하지 않은 자 앞에서 실수는 곧 인생의 종말이 될 수 있다."

준비가 되어 있는 상태에서는 사고를 대처할 수 있지만, 아무런 준비 없이 사고를 맞이하면 인생의 나락을 경험할 수 있다는 이야기입니다.

농지연금용 땅을 낙찰받기 위해 한 달 전부터 권리분석과 입지분석을 해놓은 4개의 농지에 입찰하기 위해 아침 일찍 서둘렀습니다. 필자가 2개의 농지 입찰을 준비했고, 우리 회사 직원인 권 부장이 1개, 그리고 한 투자자의 물건까지 총 4개의 물건을 입찰하기 위해 서둘러 서산법원으로 향했습니다. 오늘도 분명히 좋은 일이 일어날 것 같은 생각과, 긍정은 분명히 긍정을 낳는다는 믿음으로 하루를 시작했습니다. 혹시 결과가 예상과 다르더라도 괜찮습니다. 안 되면 다음에 더 좋은 물건을 낙찰받는다는 마음가짐으로 여유를 가졌습니다.

서산법원에 도착하니 평일과 다르게 사람들이 많지 않았습니다. 농업법인으로 감정가 16억 원인 농지와 필자의 명의로 감정가 4억 원인 농지를 입찰했습니다. 권 부장도 감정가 약 4억 원인 농지를 선택했고,

투자자는 감정가 3억 원인 농지를 준비해서 입찰에 참여했습니다. 사람들이 많지 않아 미리 준비한 입찰 서류를 다시 점검했습니다. 경쟁이 심하지 않을 것 같았습니다.

미리 작성해놓은 투자자의 입찰금액을 조금 내렸습니다. 압도적인 승리로 끝내려고 1억 1,000만 원으로 입찰 서류를 작성했지만, 상황을 보고 1억 500만 원으로 수정 후 서류 작성을 마쳤습니다. 서류 접수 마감 시간 30분 전쯤 혹시나 하는 마음에 변경 공지가 있는지 확인했습니다. 아뿔싸! 필자의 경매 물건 2개와 권 부장 경매 물건의 입찰기일이 변경되었습니다. 기일 변경은 채권자들의 다양한 사유로 일정이 조정되는데, 부실채권(NPL)으로 넘어가는 경우도 있습니다.

열심히 분석해서 기대하는 마음으로 왔는데 아쉬움이 이만저만이 아니었습니다. 특히 권 부장은 처음 경매에 입찰하는 만큼, 더욱 기대에 부풀어 있었는데 아쉬워하는 모습이 역력했습니다. 금액이 제법 큰 필자의 물건 2개의 기일이 변경된 것도 속이 상했습니다. 다행히 동행한 투자자의 물건은 경매가 진행되었는데, 처음 계획했던 입찰가에서 500만 원 내려 수정한 것이 약간 마음에 걸렸습니다. 입찰 봉투를 입찰함에 넣는 모습을 보고, 초조한 마음으로 자리에 앉아 결과를 기다렸습니다.

"경매 마감 10분 전입니다."

그냥 있기가 심심해서 경매장에 배포된 당일 경매 리스트를 확인했습니다. 여러 가지 물건들이 있었지만, 필자의 눈에는 오로지 농지만 보였습니다. 특히, 3회 이상 유찰된 농지들만 확인했습니다. 핸드폰으로 경매 사이트에 접속해 경매 물건을 검색하며 어떤 농지인지 일일이 확인하던 중, 눈에 들어오는 물건이 있었습니다. 4회 차 경매까지 나온 물건이었는데, '이건 뭐지?'라는 생각에 핸드폰으로 더 자세히 확인해 봤습니다. 필자가 평소 검색해서 알고 있던 경매 물건이었습니다. 2개를 입찰할 예정이었기에 그 물건은 포기하고 있었지만, 문득 이것이라도 잡아야겠다는 생각이 들었습니다.

소재지	충청남도 당진시 송악읍 전대리		
지목	답	면적	2,142 ㎡
개별공시지가(㎡당)	47,900원 (2024/01) 연도별보기 REB 한국부동산원 부동산 공시가격 알리미		
지역지구등 지정여부	「국토의 계획 및 이용에 관한 법률」에 따른 지역 · 지구등	계획관리지역 , 성장관리계획구역(2024-08-19)(송악10 일반형)	
	다른 법령 등에 따른 지역 · 지구등	가축사육제한구역(일부제한 모든 축종 제한)<가축분뇨의 관리 및 이용에 관한 법률>	
「토지이용규제 기본법 시행령」 제9조 제4항 각 호에 해당되는 사항			
확인도면		범례	

출처 : 토지이음

입찰 마감 시간 8분을 남겨놓고 밖으로 나가 서둘러 입찰 봉투를 챙겨 서류 작성을 마친 뒤, 수표를 봉투에 넣었습니다. 이때 금액이 정확히 맞지 않아도 괜찮습니다. 최저가보다 금액이 부족하면 낙찰이 무효가 되지만, 동봉한 금액이 입찰가보다 많으면 낙찰 후, 법원이 즉시 차액을 돌려주기 때문입니다. 다행히 모든 준비가 완료된 상태여서 입찰에 참여할 수 있었습니다.

입찰금액을 최저매각가격에 맞춰 입찰했습니다. 기일 변경에 대한 분풀이를 하는 마음으로 최저가로 낙찰받아보자는 욕심이 생겼습니다. 성공하면 감사한 일이고 실패해도 어쩔 수 없다는 마음으로 참여했습니다. 평소 같았으면 반드시 낙찰받기 위해 높은 금액으로 입찰했겠지만, 이번에는 즉석에서 결정한 일이라 최저매각가격에 가까운 금액으로 입찰을 신청했습니다. 안 될 확률이 90% 이상이지만, 기적이 일어나길 바라는 마음이었습니다. 과연 기적은 일어날 수 있을까요?

두근거리는 마음으로 마감 1분 전, 입찰함에 경매 봉투를 넣고 기다렸습니다. 함께 오신 투자자라도 꼭 낙찰되었으면 좋겠다는 생각을 했습니다. 드디어 경매가 시작되었고, 함께 온 투자자의 물건이 먼저 호명되었습니다. 8명이 입찰에 참여했다는 말에 갑자기 힘이 빠졌습니다. 마지막에 500만 원을 하향 조정한 것이 마음에 걸렸습니다. 예상과 다르게 투자자의 경매 건은 2등으로 패찰했으며, 1등과 불과 200만 원 차이였습니다. 저의 실수였습니다. 처음 작성한 대로 두었으면 낙찰받을 수 있었는데 500만 원을 아끼려고 하다 패찰한 것입니다. 투자자에게 미안한 마음이 들었습니다. 결국 4건 중 3건은 기일 변경으로 입찰이 미루어졌고 1건은 패찰했습니다.

마지막으로 남은 것은 경매 마감 시간 10분 전에 찾은 농지였습니다. 경매 진행자의 또렷한 음성이 귓가에 울렸습니다.

"2023타경5545 물건번호 1번 단독 입찰입니다."

순간 멍해졌습니다. '이건 또 무슨 일이지?'라는 생각이 들었습니다. 예상하지도 못했던 경매 물건이 순식간에 낙찰된 것입니다. 동행했던 모든 분이 축하해주었습니다. 이렇게도 낙찰될 수도 있다는 경험이 또 하나의 추억을 만들었습니다. 감정가 대비 36%의 저렴한 가격에 단독으로 낙찰된 것이 너무 신기했습니다. 함께했던 분들에게는 미안했지만, 1건의 낙찰된 물건이 있다는 것만으로도 감사한 마음이 들었습니다.

돌이켜 보면, 경매 마감 10분 전에 물건을 찾아 낙찰받은 것은 운이 아니라고 생각합니다. 이런 기적 같은 일들도 기적이 아니라 실력이라고 생각합니다. 평소 물건분석을 해두지 않았다면 경매 마감 10분 전에 물건을 찾아서 입찰한다는 생각은 누구도 하지 못했을 것입니다. 평소 철저한 입지분석과 주변 상황에 대한 조사를 성실하게 했기에 빠른 판단을 할 수 있었습니다. 4회 차 경매였기에 최저매각가격에 가까운 가격으로 입찰해야 감정가의 36% 안에 들어올 수 있었습니다. 반면, 최고가로 입찰하려면 감정가의 45% 이상으로 입찰해야 하는데, 그렇게 되면 수익률이 떨어지는 것은 자명했습니다. 따라서 수익률을 확보하기 위해 담대함이 필요했고, 감정가 대비 36%의 금액으로 입찰해 단독 입찰로 이어진 것입니다.

간절히 바라면 하늘도 돕는 것 같습니다. 준비된 실력은 우연히 찾아온 기회도 놓치지 않고 내 것으로 만들 수가 있습니다. 단번에 물건을 파악할 수 있는 능력은 결국 좋은 결과를 이끌어낼 수 있습니다. 이번 결과는 준비된 실력과 빠른 판단이 만들어낸 또 하나의 기적이었습니다.

점 하나의 실수가 만든 비극

살다 보면 누구나 실수를 합니다. 모르고 실수하는 경우도 있고, 알면서도 실수를 하는 경우가 있습니다.

경매개시 91 배당요구종기일 503 최초진행(입찰 35일전)

관련 물건번호	1 유찰	2 매각	3 기각	4 기각	5 기각	6 기각

2022타경54748 (1) • 대전지방법원 서산지원 • 매각기일 : 2024.11.26(火) (10:00) • 경매 5계(전화:041-660-0695)

소 재 지	**충청남도 당진시 면천면 성하리**		
물건종별	농지	감 정 가	309,668,000원
토지면적	3058㎡(925.05평)	최 저 가	(17%) 51,297,000원
건물면적	건물은 매각제외	보 증 금	(10%) 5,129,700원
매각물건	토지만 매각	소 유 자	이연
개시결정	2022-08-03	채 무 자	이연
사 건 명	임의경매	채 권 자	(주)대한투자대부 외2
관련사건	2024타경55189(중복), 2024타경55585(중복)-취하		

오늘조회: 12 2주누적: 67 2주평균: 5

구분	매각기일	최저매각가격	결과
	2023-09-12	344,089,100원	변경
1차	2024-03-19	305,216,000원	유찰
2차	2024-04-23	213,651,000원	유찰
3차	2024-05-28	149,556,000원	유찰
	2024-07-02	104,689,000원	변경
4차	2024-09-10	104,689,000원	유찰
5차	2024-10-22	73,282,000원	유찰
6차	**2024-11-26**	**51,297,000원**	

출처 : 옥션원

부동산 사업이나 부동산 계약을 진행하면서 잘 모르기 때문에 실수할 때가 있습니다. 이런 실수들은 사실 큰 문제가 되지는 않습니다. 필자는 어느 날 작은 실수를 통해 인생을 돌아보는 값진 경험을 했습니다. 점 하나의 실수로 2억 원의 수익을 날려버린 이야기입니다.

당진시 면천면 성하리에 있는 농지가 경매에 나왔습니다. 4회까지 유찰되어 감정가의 24% 수준으로 가격이 크게 떨어진 물건입니다. 특수물건이라 사람들이 입찰하지 못하는 것 같았습니다. 그러나 이 땅은 비닐하우스만 철거하면 농취증을 받고 농사를 짓는 데 전혀 문제가 없는 땅입니다. 특수물건이라 그런지 감정가대비 최저매각가격이 너무 많이 떨어져 입찰을 준비했습니다. 농취증도 미리 받아 입찰에 대한 만반의 준비를 마친 상태였습니다.

입지에 대한 조사를 마친 후 분석해보니, 이 땅을 농지연금으로 활용할 경우 기대 이상의 수익을 낼 수 있어 충분한 가치가 있었습니다. 아침 일찍 경매장에 도착해 오늘 입찰할 물건을 다시 점검해봤습니다. 혹시 기일 변경이 되었을까 걱정하며 확인해봤으나, 다행히 기일 변경은 없었습니다. 최종 점검을 마치고 입찰표에 글씨를 써내려갔습니다. 경매에 관련된 정보를 기록하고 금액을 기록하는 데 볼펜 잉크가 뭉쳤습니다.

입찰금액 숫자에 잉크 똥이 살짝 두껍게 뭉친 부분이 있어, 숫자를 더 명확하게 보이도록 덧입혀 진하게 작성했습니다. 누가 봐도 숫자가 더 선명하게 보여 문제가 될 사항은 아니라고 생각했습니다. 이후 함께 온 동료에게 다시 한번 확인을 요청했습니다. 동료도 숫자가 약간 진하게 되어 있는 것을 확인했지만, 큰 문제가 없을 것 같다는 판단을 내렸습니다. 하지만 이것이 앞으로 진행될 경매에서 대형 참사가 될 줄은 상상도 못 했습니다.

드디어 경매가 시작되었습니다. 함께 경매에 참여했던 동료는 11명이 입찰해 2등으로 패찰한 뒤, 필자의 물건에 관심과 응원을 보내주었습니다. 필자가 입찰한 물건은 특수물건으로 분류되어 사람들이 몰리지 않았습니다. 진행자의 마이크를 통해 단독 입찰이라는 목소리가 들려왔고, 함께 간 동료와 승리의 하이파이브를 나누었습니다. 이후 낙찰 확인서를 받기 위해 앞으로 나갔습니다.

그런데 봉투를 열어 내용을 확인하시던 주사님이 고개를 갸우뚱하는 것이었습니다. 한참을 살펴보시더니 옆에 계신 주사님께 물어봤습니다.

"이거 덧방을 한 것 같은데…."

옆에 있는 주사님도 약간 애매하다는 표정을 지었습니다. 확실하게 숫자에 덧방을 한 것도 아니고 입찰 금액란의 숫자 하나가 약간 진하게 보여 더욱 유심히 관찰하는 것이었습니다.

"이거 덧방해서 쓰신 거지요? 덧방해서 쓰시면 무효 처리됩니다."

필자는 순간 당황해서 그 자리에 얼어붙었습니다.

"아니 무효라니요? 말도 안 됩니다. 숫자를 잘못 쓴 것도 아니고 숫자를 고친 것도 아닙니다. 볼펜에 묻어 있는 잉크 똥 때문에 숫자가 진하게 된 것입니다."

주사님은 옆에 있는 진행자와 상의하면서 말씀하셨습니다.

"여기에서 통과되더라도 법원에 올라가면 분명히 무효 처리될 것입니다. 안타깝지만 여기서 무효 처리를 하겠습니다."

필자는 아무런 저항도 할 수 없었습니다. 그저 허탈한 웃음만 나왔습니다. 감정가 3억 1,000만 원의 농지를 9,800만 원에 낙찰받았다고 생각하며 잠시나마 행복했던 시간이 물거품처럼 사라졌습니다. 작은 점 하나가 2억 원 이상의 차익을 날려버린 결과가 되었습니다.

기억을 되돌려 보면 입찰가란에 숫자 '98,000,000원'을 쓸 때, 볼펜 볼 옆에 달린 잉크 똥이 떨어져 나가면서 숫자 8에 묻어 숫자가 진하게 표시되어 사달이 난 것입니다. 혹시나 해서 다시 작성할까 잠시 망설였지만, '이 정도로는 문제가 되지 않겠지'라는 생각을 아주 잠깐 했습니다. 그때 다시 작성했더라면 이런 일이 일어나지 않았을 텐데 하는 아쉬움이 남습니다.

사소한 실수가 큰 교훈을 주는 사건이 되었습니다. 경매에서는 한번 쓴 숫자에 다시 겹쳐 쓰면 안 된다는 것을 확실하게 배웠습니다. 점 하나의 실수가 2억 원의 수익을 앗아간 뼈아픈 교훈이 되었습니다. 5회 차에서 단독 입찰한 물건이 무효가 되면서 이번 물건은 유찰된 것으로 처리되었고, 6회 차 경매로 넘어가 최저매각가격 17%로 다시 시작합니다. 이번 실수가 혹시 더 좋은 결과로 이어질지 기대해봅니다.

6회 차 경매 때 이 물건이 필자의 물건이 된다면 이번 실수는 전화위복이 되어 좋은 결과를 맺을 수도 있을 것 같습니다. 5회 차에서는 9,800만 원으로 단독 입찰했지만, 6회 차에서는 최저매각가격이 5,100만 원으로 시작합니다. 6회 차 경매 시 5회 차의 최저가를 써도 7,300만 원에 입찰할 수 있습니다. 5회 차의 9,800만 원보다 더 저렴하게 낙찰이 된다면 오늘의 실수는 신의 한 수가 되는 것입니다.

4장

땅을 개발하는 능력

땅을 성형수술하면 좋은 이유

요즘 성형수술은 기본이라고 합니다. 사람도 성형수술을 통해 자신의 가치를 높이기 위해 노력합니다. 땅도 마찬가지로 성형수술을 통해 가치를 높이는 방법이 있습니다.

땅은 지반과 그 위의 토양으로 구성되어 있지만, 그 위치와 환경에 따라서 생김새가 모두 다르고 토양의 종류나 지면의 경사도 다릅니다. 따라서 땅을 이용하기 편리한 모양으로 다듬고 변형하는 작업은 토지의 가치를 높이기 위해서 꼭 필요한 과정이라고 할 수 있습니다.

1. 성토 및 절토

논으로 사용하는 땅을 보면 주변보다 낮습니다. 이는 물을 대어 벼를 길러야 하기 때문에 물이 잘 들어올 수 있도록 낮게 만들어 농사를 짓기 때문입니다. 하지만 이런 땅을 다른 용도로 사용하려면 주변의 땅과 높이를 맞춰야 합니다. 즉, 다른 곳에서 흙을 가져와서 지반의 높이를 올리는 작업을 하는데 이를 '성토'라고 합니다. 절토는 이와는 반대로 임야나 경사가 심한 땅을 평탄하게 하기 위해 흙을 깎아내는 것을 말합니다. 결국 성토나 절토 모두 토지를 목적에 맞게 사용하기 위해 토지의 모양을 성형하는 작업입니다.

성토를 하려면 흙을 가져와야 하는데 흙은 지자체마다 가격이 천차만별입니다. 땅을 파내는 공사 현장이 가까운 곳에 있으면 비용이 저렴하지만, 공사하는 현장이 멀리 있으면 비용이 많이 듭니다. 사실 흙값보다는 운반비가 더 큰 비중을 차지한다고 생각하시면 됩니다.

절토를 할 때는 깎아낸 흙들을 처리해야 하는데, 흙이 필요한 곳에 판매할 수도 있습니다. 그러나 가까운 곳에 흙을 처리할 장소가 없다면 이 또한 비용이 많이 발생할 수 있습니다.

2. 분필 및 합필

필지는 하나의 지번이 부여된 토지를 의미합니다. 필지는 합하거나 나눌 수 있는데, 여러 개의 필지를 합쳐 한 필지로 만드는 것을 합필,

한 개의 필지를 나누어 둘 이상의 필지로 구분하는 것을 분필이라고 합니다.

토지 분필(분할) 조건

분필 시에는 토지의 효용성을 지키기 위해 최소한의 면적을 남겨야 합니다. 즉, 분필 후에도 어느 정도 이상의 면적을 지켜야 하며, 건축물이 있는 대지의 경우 건축법 시행령 제80조에 따라 조례로 정해진 대지분할제한 면적을 지켜야 합니다. 또한, 건축물이 없는 토지를 대지분할제한면적 미만으로 분할을 하기 위해서는 국토의 계획 및 이용에 관한 법률에 따라 별도의 개발행위허가를 받아야 합니다.

1. 녹지지역 : 200㎡
2. 공업지역 : 150㎡
3. 상업지역 : 150㎡
4. 거주지역 : 60㎡
5. 제1호에서 제4호까지의 규정에 해당이 없는 지역 : 60㎡

따라서 앞에 표기된 면적에 비해 적어도 2배 넘는 면적을 가진 토지만이 분필할 수 있습니다. 이를테면 거주지역의 120㎡의 필지는 60㎡ 크기의 2개 토지로 분필할 수 있으나, 100㎡와 20㎡로 분필은 불가합니다.

토지 합필(합병) 조건

토지를 합필하기 위해서는 몇 가지 조건이 있습니다.

1. 토지 용도 동일의 원칙

1필지 1지목의 원칙에 따라 하나의 필지에는 단 하나의 지목만이 부여되기 때문에 토지의 용도가 같을 때만 하나의 필지로 합필할 수 있습니다. 하나의 토지에 소유자가 똑같더라도 토지 용도가 상이하면 별개의 필지로 두어야 합니다.

2. 지번 부여자격 동일의 원칙

지번 부여자격(행정구역인 법정 리, 동 또는 이에 따르는 지역)이 같아야 하고 지반이 연속되어 있어도 2개 이상의 법정 리, 동을 걸쳐 있는 경우에는 리, 동별로 별개의 필지로 확정해야 합니다.

3. 축척 동일의 원칙

한 필지로 확정을 위해서 지적도상 도면의 축척이 같아야 합니다. 합필할 토지가 각각 상이한 축척으로 지적도에 등록되어 있다면 인위적으로 한 필지로 확정할 수 없습니다. 이는 축척이 상이한 토지를 한 필지로 할 수 있으면 면적산출을 명확히 할 수 없기 때문입니다.

4. 토지 소유자 동일의 원칙

필지는 토지에 관한 소유권이 가해지는 범위의 한계를 정하는 척도

가 되기 때문에 합필하는 2개 이상의 필지의 소유자는 같아야 합니다. 이는 민법 내 일물일권주의 원칙으로 하나의 필지는 단 하나의 소유권만 성립할 수 있기 때문입니다. 단, 소유자만 똑같으면 되고 기타 권리관계는 같을 필요는 없습니다. 전세권이 설정된 토지 및 그렇지 않은 토지의 경우에는 합필이 가능합니다.

큰 땅을 싸게 사고 분할해서 팔아라

토지를 매입해서 파는 방법은 여러 가지가 있지만, 필자는 큰 땅을 사서 작게 잘라 파는 방법을 선호합니다.

땅을 잘 팔기 위해서는 어떻게 해야 할까요? 당연히 잘 팔기 위해서는 시세보다 훨씬 싸게 팔 수 있어야 합니다. 예를 들어, 동네 마트에서는 수박 한 통을 3만 원에 구매하지만, 수박밭에서 1,000개를 한꺼번에 계약하면 한 통당 5,000원에도 살 수 있습니다.

토지도 마찬가지입니다. 많은 사람이 자금이 부족해 적은 금액으로 작은 토지를 사려고 하다 보니 적당한 땅을 찾기가 하늘의 별 따기처럼 어렵습니다. 가격도 원하는 만큼 낮게 나오지 않아 높은 금액으로 살 수밖에 없습니다. 이럴 때 필자는 수박밭 전체를 계약해서 사듯이 면적이 넓고 금액도 높은 땅을 삽니다. 이렇게 하면 면적이 넓어 가격은 비싸지만, 평당 가격을 시세의 반값 이하로 살 수 있습니다.

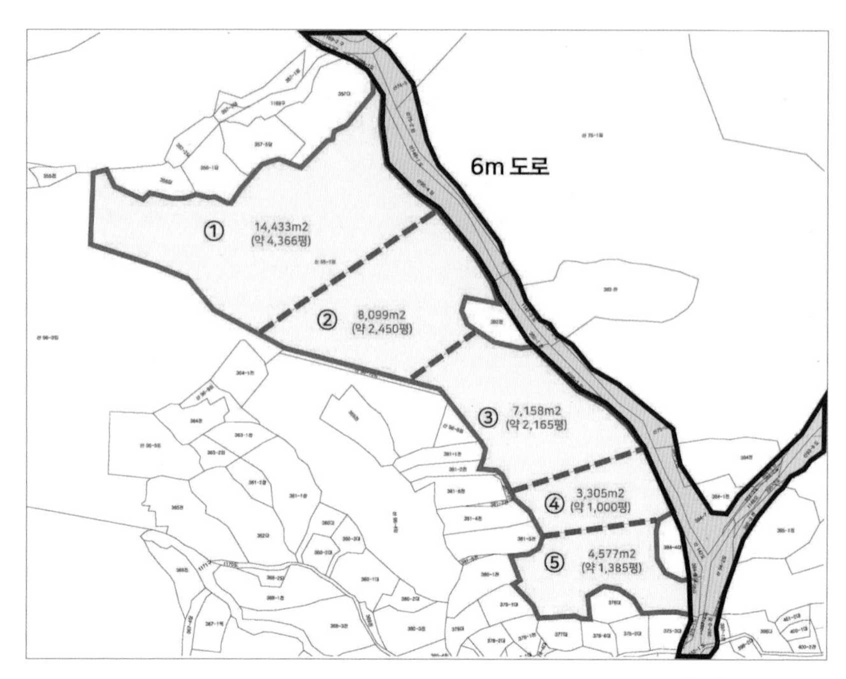

출처 : 저자 제공

최근에 매입한 용인시 처인구 백암면 근삼리에 있는 땅을 소개합니다. 전체 면적은 11,000평, 총매매금액은 79억 원, 평당 금액은 70만 원입니다. 면적이 11,000평이기에 상당히 큰 면적입니다. 필자가 이 땅을 선택한 3가지 이유가 있습니다.

첫째, 매입 후 무조건 한 달 이내에 다시 팔 수 있다는 확신이 들었습니다.

이 땅의 입지는 용인 SK하이닉스에서 3㎞ 떨어진 곳으로 건설 중인 공장까지 차량으로 5분이면 충분히 도달할 수 있는 거리입니다. 향후 용인 SK하이닉스가 개발을 시작하면 건설노동자들로 인해 인산인해가 될 것은 자명합니다. 반도체공장을 짓기 위해 투입되는 인력들로 인해 다가구주택, 다세대주택 수요가 넘쳐날 것이고, 야적장이나 주기장으로 사용할 공간이 절대적으로 부족할 것으로 예상되어, 이 땅이 최적의 위치라는 판단을 했습니다.

무엇보다 용인시 원삼면과 백암면 일대가 성장관리계획구역으로 지정되어 6m 이상 도로가 확보되지 않으면 다가구주택 허가가 나오지 않기 때문에 6m 이상 도로 확보는 필수적입니다. 또한, 앞으로 수요가 크게 증가할 것으로 예상되면서, 이 땅의 가치는 더욱 매력적으로 다가왔습니다.

최근 용인 SK하이닉스 공사 현장 반경 3㎞ 안에 위치하면서, 2차선 도로가 확보된 땅은 평당 200만 원 이하로 찾을 수가 없습니다. 그런데 이런 환경에서도 평당 70만 원으로 소개를 받아 속으로 즐거운 비명을 질렀습니다. 다만 79억 원이라는 다소 높은 금액 때문에 아무나 계약할 수는 없습니다. 철저한 권리분석과 입지분석을 바탕으로 개발전략과 출구전략을 세울 수 있어야 매입할 수 있습니다. 그러나 이러한 실력과 자금을 동시에 갖춘 사람은 많지 않습니다. 실력이 있으면 자본이 없고, 자본이 있으면 실력이 없는 경우가 많은데, 이 2가지가 다 있다고 하더라도 엑시트할 수 있는 마케팅 능력과 전략도 필요하기 때문에 매입을 망설이게 됩니다.

큰 금액의 토지를 사려면 다음과 같은 조건과 실력을 갖춰야 합니다.

1. 거대한 자금 동원 능력
2. 땅의 가치를 알아볼 수 있는 실력
3. 땅을 개발해서 가치를 극대화할 수 있는 능력
4. 매입 후 다시 팔 수 있는 출구전략
5. 빨리 팔 수 있는 마케팅 능력

둘째, 직사각형 모양으로 도로를 따라 길게 300m 이상 붙어 있어 분필 후, 매도하기 좋습니다.

땅을 사다 보면 가격은 저렴하지만, 뭔가 찜찜한 느낌이 드는 땅들이 있습니다. 그중의 하나가 땅 모양이 좋지 않은 경우입니다. 땅 모양은 매우 중요합니다. 땅 모양에 따라, 개발 시 건물의 모양과 구조까지 영향을 받게 되므로 땅 모양은 반드시 따져봐야 합니다. 이 땅의 모양은 도로를 따라 길게 300m 이상 직사각형 모양으로 되어 있어 도로를 따라 분필하기 너무 좋습니다. 큰 면적을 작게 잘라서 여러 사람에게 팔기가 용이합니다.

땅을 사는 사람들은 도로에 직접 붙어 있는 땅을 선호합니다. 반면, 항아리 모양의 큰 땅은 땅 내부에 도로를 만들어야 하므로, 개발비용이 추가로 들고, 구매자 입장에서도 큰 도로에 직접 닿지 않은 땅은 여러모로 불편할 수 있습니다. 작은 내부도로를 따라 안쪽으로 들어가야 한다면 땅의 가치는 떨어질 수밖에 없습니다. 하지만 이 땅은 구입하는 모든 사람이 만족할 수 있는 모양으로 만들 수 있습니다.

셋째, 기존 300m 도로의 2차선 확장이 확정되어 있었습니다.

토지는 상상력이 필요합니다. 미래에 개발된 모습을 상상할 수 있어야 합니다. 2차선 도로에 아스콘이 깔리고 중앙선이 선명하게 그려진 모습을 상상할 수 있어야 땅의 가치를 정확하게 판단할 수 있습니다. 토지 초보자들이 흔히 저지르는 실수 중 하나는 미래의 모습은 보지 못하고 현재 모습만 보고 실망하는 것입니다. 원형지 현장에 가보면 풀들이 무성하고 전형적인 시골의 모습이어서, 초보자들은 투자를 망설이게 됩니다. 토지이용계획확인서를 발급받아 땅의 상세내역을 확인해야 하는데, 눈에 보이는 상태만으로 판단하는 오류에 빠집니다.

이 땅 역시 현재의 모습으로는 가치가 없어 보였습니다. 300m 길이의 도로 폭이 3m에 불과했기 때문입니다. 하지만 도로계획에 따른 보상이 확정되었고, 이미 보상을 받은 사람도 있어 도로가 넓혀지는 것은 시간 문제였습니다. 전체 매매금액이 79억 원으로 평당 70만 원에 살 수 있었습니다. 원삼면 주변 2차선 도로에 붙어 있는 땅은 평당 200만 원이 넘기 때문에 이 땅을 작게 분할하면 매도하기 어렵지 않겠다는 확신이 들었습니다.

필자는 이 땅을 계약한 후 단 이틀 만에 다시 매도할 수 있었습니다. 평당 70만 원에 매입한 땅을 평당 100만 원에 매도해, 이틀 만에 21억 원의 매도차익을 얻게 된 것입니다. 이렇게 단기간에 수익을 거둘 수 있었던 비결은 판매의 철칙을 지켰기 때문입니다. 시세의 절반 이하 가격으로 매입하고, 토지를 작게 분할해서 필요한 면적으로 만든 뒤, 시세보다 낮은 금액으로 매도했습니다. 투자자들에게 소개하자 서로 가져가겠다고 나서, 단 이틀 만에 모두 판매되었습니다.

이처럼 판매전략 역시 계획적이고 치밀해야 합니다. 전략적으로 접근하고 구체적인 실행계획을 준비하면 서로에게 이익이 되는 거래를 성사시킬 수 있습니다. 기쁜 마음으로 땅을 사고팔았던 좋은 사례가 되었습니다.

맹지 탈출의 모든 것

맹지는 앞서도 말했지만, 외부에 있는 도로와 내 땅이 연결되어 있지 않아 통행로가 없는 토지를 말합니다. 다시 말해, 맹지란 도로에 접하지 않은 땅을 말합니다. 맹지는 출입할 수 있는 도로가 없어 여러 가지 제한을 받을 수밖에 없으며, 일반적인 토지보다 가격이 매우 저렴한 특징이 있습니다.

맹지의 특징

맹지는 다음과 같은 특징이 있습니다.

첫째, 개발행위허가와 건축허가를 받지 못합니다.

토지 매입 시 가장 중요한 사항은 토지의 사용 목적에 맞게 사용할 수 있는지 여부입니다. 땅을 매입한다는 것은 그 목적이 충족되어야 하는데 맹지는 애석하게도 개발행위허가나 건축허가를 받지 못합니다. 토지를 개발하거나 또는 건물을 짓기 위해서는 반드시 도로가 토지에 접해야 가능합니다. 그러나 맹지는 도로에 직접 접하지 않기 때문에 개발행위허가나 건축에 대한 인허가를 받지 못해 활용이 제한적입니다.

둘째, 맹지는 가격이 상대적으로 저렴합니다.

용도지역별로 차이가 나는데, 개발 가능 여부에 따라 가격은 천차만별입니다. 일반적인 토지와 가격 차이가 3~4배 이상 나기도 합니다. 가격이 저렴한 땅을 매입해 맹지에서 탈출할 수만 있다면 미래가치와 수익률은 급격히 상승할 수 있습니다.

맹지를 확인하는 방법

첫째, 토지이용계획확인서를 확인합니다.

토지의 모든 내역은 토지이음이라는 사이트에서 확인할 수 있습니다. 또한, 해당 토지 주변의 개발계획까지 상세하게 나와 있어 토지이용계획확인서를 자주 보는 연습을 하는 것이 매우 중요합니다. 토지의 해당 주소를 입력 후 지역, 지구 등 지정 여부에서 '소로, 중로, 대로'라는 단어가 보이지 않는다면 도로가 없을 가능성이 크다고 생각하시면 됩니다.

둘째, 토지의 지적도를 확인하면 땅이 도로와 접했는지 알 수 있습니다.

단, 지적도상에 맹지로 확인이 되더라도 실제로는 구거에 접해 있거나, 현황도로가 있을 수 있기 때문에 현장에 가서 직접 확인해야 정확히 알 수 있습니다.

셋째, 관할 관청에 문의합니다.

가장 쉽고 확실한 방법입니다. 예전에는 담당 공무원들이 불친절하다는 이야기가 있었지만, 요즘은 매우 친절합니다. 모르는 것이 있다면, 질문할 내용을 미리 준비해서 질의하면 친절하게 안내해줍니다. 토지의 주소를 확인 후 해당 지자체의 건축과 또는 개발행위허가 부서에 문의해서 맹지 여부와 건축 가능 여부를 꼭 확인해보시길 바랍니다.

넷째, 디스코라는 부동산 전문 앱으로도 확인할 수 있습니다.

땅의 주소를 입력하면 맹지인지 아닌지 한눈에 확인할 수 있으며, 도로의 소유주가 개인인지, 법인인지 또는 국가인지 바로 알 수 있어 편리합니다. 또한 지적도, 용도지역, 공시지가, 평수 그리고 도로 상태 등 투자 시에 반드시 검토해야 할 사항을 쉽게 확인할 수 있도록 만든 사이트입니다.

맹지 탈출 방법

첫째, 진입로의 토지를 추가로 매입하는 방법입니다.

즉, 맹지로 판단된 토지로 통하는 진입로에 있는 다른 사람의 토지를 매입하는 방법입니다. 맹지 탈출의 가장 확실한 방법이지만, 동시에 가장 돈이 많이 드는 방법이기도 합니다. 내 땅을 가로막고 있는 토지를 매입할 때는 해당 토지의 가격을 주변 시세와 비교해 매입할 면적을 신중하게 결정해야 합니다. 또한 토지 주인이 매도할 의사가 있는지 미리 확인하는 것도 중요합니다. 내 땅을 가로막고 있는 토지 주인이 매도할 의사가 없다면 맹지 탈출은 불가능할 수도 있습니다. 이 때문에 토지 주인과 다양한 방법으로 좋은 관계를 유지하는 것도 필수적입니다.

둘째, 토지사용승낙서를 받는 방법입니다.

맹지는 인접 토지 소유자와 협의를 통해 진입로 사용권을 확보하는 방법이 있습니다. 그러나 해당 지주들이 쉽게 동의해주지 않기 때문에 토지사용승낙을 받는 것은 결코 쉽지 않습니다. 토지사용승낙에 대한 내용을 명확히 이해하고 사용기간과 면적 등을 구체적으로 협의해서 적정한 사용료를 결정해야 합니다.

셋째, 땅에 구거가 붙어 있다면 구거를 이용할 수도 있습니다.

구거는 도랑이라고도 합니다. 구거는 대부분 국가 소유의 땅이므로,

국가로부터 매수하거나 점용허가를 받아 진입로로 이용할 수도 있습니다.

넷째, 법을 통해 해결하는 방법입니다.

여러 가지 다양한 방법으로 맹지 탈출을 시도했지만 잘되지 않는다면 민법에서 규정한 '주위토지통행권'을 근거로 해결할 수 있습니다. 주위토지통행권이란 맹지에 출입하기 위해 다른 사람 소유의 도로나 토지를 지나야 할 경우, 법적으로 그 통행권을 인정받는 것을 의미합니다. 주위토지통행권을 인정받으려면 먼저 해당 토지 소유자와 협의가 필요합니다. 만약 협의가 이루어지지 않을 경우, 법적 절차를 통해 해결할 수 있습니다. 다만, 그 땅을 무료로 사용할 수는 없고 소정의 지료를 지불해야 합니다.

맹지와 교차로 영향권

차량을 운행하다 보면 신호등이 있는 교차로를 자주 마주치게 됩니다. 교차로에서 대기하며 주변을 자세히 살펴보면 모퉁이에 위치한 땅으로는 곧바로 진입이 어렵고 교차로를 지나 약간 떨어진 곳에 진입로를 만들어놓은 땅들이 있습니다. 이는 교차로 영향권 때문입니다.

교차로 영향권(도로연결허가 금지구간)이란?

교차로 영향권은 국도의 본선이나 교차도로에서 진입하는 감속차선의 교차시설을 지나, 램프에서 본선 또는 교차도로를 진입하는 가속차선 종점까지의 범위를 말합니다. 교차로 영향권에 속하는 토지는 도로에 연결허가를 받을 수 있는지 없는지가 중요합니다.

일반적으로 토지에 투자할 때 도로와 접해 있고, 특히 사거리 코너 땅이라고 하면 아주 좋은 땅이라고 생각하는 사람들이 많습니다. 하지만 교차로에 바로 접한 필지에 급회전해 진입할 수 있게 하면 사고의 위험이 커질 수 있습니다. 그렇기 때문에 교차로 주변 모퉁이 토지에 건축물을 짓지 못하게 하고 있고, 이런 경우가 발생하면 낭패를 보게 됩니다. 교차로 영향권 내에 있는 토지는 도로와 접해 있지만, 도로 점용이 안 될 수 있기 때문에 지적도상으로 맹지는 아니더라도 개발행위를 할 수 없어서 사실상 맹지가 될 위험도 있습니다.

도시지역에 있는 도로는 도시계획법상 도로일까요? 아니면 도로법상의 도로일까요? 도시계획법상 도시지역인 주거지역, 상업지역, 공업지역에는 교차로라고 하더라도 시설 도로라면 교차로 영향권이 없고 도로 모퉁이에 대한 규정만 있습니다. 그리고 도시지역의 녹지지역과 비도시지역의 도로법상 도로에는 도로의 기능 증진을 위해 대부분 교차로 영향권이 있습니다. 이 교차로 영향권이 있는 경우에는 영향권 범위 내에서는 진입로를 연결할 수 없습니다.

또한, 교차로 영향권이 없더라도 녹지지역과 비도시지역, 주간선도로 등에는 완충녹지가 있어 연결허가가 사실상 금지될 수 있다는 사실을 기억해야 합니다. 어떤 토지를 구입하기 전에 교차로 영향권 적용이 되는지 안 되는지, 그 도로에 연결허가를 받을 수 있는지 없는지를 따져보는 것이 가장 중요한 사항입니다. 그래서 도시지역 이외의 지역(비도시지역)에 4차선 각진 모서리에 있는 땅은 마냥 좋아할 수 있는 것이 아닙니다.

연결허가 금지구간

1. 곡선반경이 280m(2차로는 140m) 미만으로 짧아서 차량의 시야를 확보하지 못하는 구간
2. 종단 기울기가 평지는 6%, 산지는 9%를 초과하는 구간
3. 교차로 영향권
4. 터널 및 지하차도로부터 300~350m
5. 교량 등으로 변속차로를 설치할 수 없는 구간
6. 버스정차대 등 주민 편의시설이 있는 구간

도로연결허가

도시와 가까운 대로변에 근린생활시설을 건축하기 위해서는 개발행위허가와 건축허가를 받아야 합니다. 가장 중요한 것은 진입로인데 건축허가를 받으려면 건축법상 도로에 연결이 되어야 합니다. 건축법상 도로 중에서 도로법상 도로 등에 연결하려면 별도로 연결허가를 받아야 합니다.

도로연결허가 대상

도로점용허가란 건축 등의 목적으로 도로를 점유해 사용해야 할 때 도로관리관청으로부터 허가를 받는 것입니다. 고속국도, 자동차전용도로, 일반국도, 지방도, 4차로 이상으로 도로구역이 결정된 도로에 시설을 연결시키려면 도로관리청의 허가를 받아야 합니다. 고속국도나 자동차전용도로에는 공공목적의 개발로 인한 예외적인 경우를

제외하고는 연결할 수 없습니다. 도로연결허가는 다음의 절차에 따라 진행합니다.

1. 사전검토 신청
2. 허가 신청
3. 신청서 검토 & 경찰서 협의
4. 연결허가 & 점용료 납부
5. 연결공사 착수

가감속차로(변속차로)

국도나 지방도 4차선 이상 도로에 대지를 연결하려면 원칙적으로 변속차로를 만들어야 합니다. 변속차로란 자동차의 속도를 감속 또는 가속하기 위한 공간입니다. 건물에서 국도로 진입하려면 기존에 국도에서 달리던 차량과 속도를 맞춰야 기존 차량의 통행에 영향을 주지 않습니다. 가속하기 위한 구간이 필요한데 이를 가감속차로 또는 변속차로라고 합니다.

건축할 때 대지 외에 변속차로를 만들기 위한 공간이 확보되어야 합니다. 공간이 확보되었다면 도로와 다른 시설의 연결에 관한 규칙에 따라 포장, 배수시설, 분리대, 부대시설 등을 자동차 통행에 지장을 주지 않도록 설계해야 합니다. 변속차로를 만들기 위해서는 상당한 시간과 비용이 들어갑니다.

요약하면 일반국도, 지방도, 4차로 이상으로 도로구역에 접한 땅에 건축하려면 도로연결허가가 꼭 필요합니다. 토지의 위치 및 시설 규모에 따라 변속차로를 설치해야 하는 경우가 있으니 지자체에 꼭 문의한 후 진행해야 합니다.

접도구역

접도구역이란 도로 구조의 파손방지, 미관훼손, 위험 방지를 위해 도로구역 경계로부터 일정한 거리를 정하고 규제하는 구역을 말합니다. 도로의 종류에 따라서 접도구역의 범위는 다양하게 지정됩니다. 보통 국도는 도로 경계선에서 5m, 고속도로는 20m 안쪽으로 접도구역이 지정됩니다.

접도구역으로 지정이 되면 해당하는 곳에 형질을 변경하거나 어떤 행위를 할 수 없습니다. 그리고 건물이나 공작물을 신축하거나 개축, 증축하는 행위가 금지됩니다. 건축은 할 수 없지만, 주차장이나 배수로 또는 울타리 등은 교통에 방해되거나 위험하지 않은 경우에 한해서 설치가 가능합니다. 건폐율은 접도구역까지 포함해 대지면적을 산정하기 때문에 건축면적에 손해를 보지는 않습니다.

토지의 규모가 작고 접도구역이 넓을 경우 건물을 지을 수 있는 면적이 상당히 줄어들기 때문에 토지 활용이 좋지는 않습니다. 특히 도로를 따라 길게 붙어 있고 폭이 좁은 토지라면 건축하는 데 상당히 지장이 있습니다. 다만, 접도구역에는 지역 특성에 따라서 일정 규모의 주차장이나 녹지 구간, 간이 시설물 등은 건축할 수 있습니다. 이런 토지는 기본적으로 출구전략이 상당이 어렵다는 점을 기억하시기 바랍니다.

임야의 종류와 투자 목적

우리나라 국토의 70%는 산지로 이루어져 있어 도시나 지방 어디서나 임야를 쉽게 볼 수가 있습니다. 하지만 임야가 많다고 모두 개발할 수 있는 것은 아니며 제한을 두고 있습니다. 임야는 국가적으로 보호해야 할 자원으로 간주되며, 환경 보전과 생태계 유지를 위해 강력한 규제를 하고 있기 때문입니다. 또한 임야를 개발한다고 해도 지형이 대부분 평평하지 않아 개발비용이 상당히 많이 들 수 있다는 것을 기억해야 합니다. 그렇기 때문에 투자 가치가 높은 임야에 투자할 때는 먼저 도로진입이 수월한 곳, 전원주택, 관광단지, 편의시설로 개발이 될 수 있는 곳을 선정하는 것이 중요합니다. 이러한 입지를 갖춘 임야는 향후 부가가치가 높아질 수 있습니다. 앞서 언급한 임야에 대해 더욱 자세하게 알아보겠습니다.

임야의 종류

임야는 크게 보전산지와 준보전산지로 나뉩니다. 보전산지는 임업용 산지와 공익용 산지로 구분되는데, 임업용 산지는 산림자원의 조성과 임업경영기반의 구축 등 임업 생산기능의 증진을 위해 필요한 산지를 말합니다. 공익용 산지는 임업 생산과 함께 재해 방지·수원 보호·자연생태계 보전·산지 경관 보전·국민 보건 휴양 증진 등의 공익 기능을 위해 필요한 산지를 말합니다.

공익용 산지의 개발 범위를 보면 도로, 병원, 교육, 연구, 국방, 사방시설, 철도, 전기발전, 청소년 수련 시설 등 그야말로 공익적인 목적으로 개발된다고 생각해야 합니다. 임야 중에서 개발보다 보전 목적이 강한 곳이라고 보시면 됩니다. 공익용 시설을 제외하고는 산지전용허가를 받기가 쉽지 않습니다. 산지관리법에 따라 산림청장이 지정한 산지로써 산림자원조성, 임업 생산기능 증진 등의 목적으로 지정이 되어 토지로 비교해보면 그린벨트와 같이 보호하는 지역입니다.

준보전산지는 보전산지에서 말한 산지 이외의 땅입니다. 임야에 투자해보신 분들은 준보전산지에 대한 관심이 많은데, 그 이유는 건축행위가 가능하기 때문입니다. 다만, 모든 행위를 할 수 있다는 뜻은 아니며, 보전산지와 비교하면 전용에 대한 행위 제한을 덜 받기 때문에 개발이 상대적으로 용이하다는 뜻입니다.

보전산지와 준보전산지의 구별은 눈으로 봐서는 구별하기 어렵고 토지이용계획확인서를 통해 확인할 수 있습니다. 초보 투자자들이 보기에는 보전산지나 준보전산지의 눈에 보이는 특별한 특징이 없기 때문에 임야를 매수할 때 실수하는 경우를 가끔 봅니다. 보전산지는 농지 중 농업진흥지역에 있는 농지, 흔히 절대농지라고 부르는 땅과 성격이 비슷합니다. 농업진흥지역 농지는 농사와 관련된 행위 외에는 다른 용도로는 허가를 받기가 어렵습니다. 보전산지도 마찬가지로 오로지 임업과 관련된 개발만 허가를 받을 수 있습니다.

산지를 개발할 때는 경사도, 표고, 입목 축척도 등이 산지전용허가의 중요한 기준이 되기에 허가 기준에 대해 철저히 공부해야 합니다. 개발 호재가 풍부한 지역에는 준보전산지의 개발 압력이 높습니다. 일반적으로 평지보다 임야라는 지목은 개발이 되지 않았기 때문에 면적이 상대적으로 큰 편입니다.

개발지 주변 임야는 소액으로 투자하기가 어렵습니다. 개발 호재로 인해 가격이 이미 상승했을 가능성이 크고, 큰 면적인 땅들은 공장이나 물류창고 같은 용도로 사용이 됩니다. 도시에서 멀지 않은 곳이라면 전원주택용으로 개발이 되기도 합니다.

행위 제한의 강도로 보면 공익용 산지, 임업용 산지, 준보전산지 순으로 볼 수 있습니다. 그렇기 때문에 준보전산지 토지가 가치가 더 큰 것으로 판단할 수 있습니다. 토지를 매입하게 되거나 보유하던 땅이 어떤 것에 속하는지 잘 살펴본 뒤 가치를 올릴 수 있는 방향이 있다면 계획을 세워보는 것도 좋을 것 같습니다.

임야 투자의 목적

첫 번째는 시세차익입니다.

그린벨트 해제 시의 차익이나 관광지 주변 임야 등을 매수해 일정 시간이 지난 후 차익을 노리는 방법입니다. 임야는 대부분 덩치가 크기 때문에 개발하지 않는다면 장기 투자의 목적으로 투자해야 합니다. 장기간 보유하다 보면 주변으로 관광지가 들어오기도 하고 대형 산업단지가 만들어지기도 합니다. 이런 개발이 되는 계획이 발표되면 주변으로 공장용지나 창고용지를 찾는 사람들이 찾아옵니다. 시간이 지날수록 수요는 더욱 많아집니다. 그리고 도시에 가까이 있는 임야는 전원주택 개발로 이어지는 경우도 많기에 장기간 보유하고 있다 보면 상당한 시세차익을 실현할 수 있습니다.

두 번째는 임야를 저렴하게 매입한 후 개발해 수익을 취하는 것입니다.

임야를 매입해 전원주택지, 잡종지 등으로 지목을 변경하면 개발 수익을 거둘 수 있습니다. 코로나19 시기에 수도권을 중심으로 물류창고가 모자랄 때가 있었습니다. 창고를 짓기만 하면 팔려나가는 시기였습니다. 공급이 모자라는 시기에는 계획관리에 있는 임야를 사서 공장이나 창고를 건축한 후 매도하거나 임대료를 받을 수 있고, 야적장이나 주기장처럼 물건이나 기계를 보관하는 땅으로 개발해서 매도할 수 있습니다.

임야는 다양한 사업 형태를 제공할 수가 있습니다. 숲을 이루고 있는 나무가 있기 때문에 숲 체험을 통해 힐링할 수 있는 공간으로 만들어 체험학습이나 관광용으로 개발할 수도 있습니다. 또한, 캠프장을 만들 수 있는 최적의 장소입니다. 직장인들의 캠핑 수요가 높아지면서 임야를 캠핑이나 글램핑용으로 개발할 수 있고, 관련 수요 또한 지속적으로 증가하고 있습니다. 주 5일 근무의 일상화로 캠핑에 대한 수요가 점진적으로 늘어나고 있으므로, 나무를 잘 가꾸어 야영장이나 캠프장으로 꾸며 사업을 한다면 좋은 수익형 사업으로 만들어갈 수 있습니다.

반드시 알아야 하는 도로의 종류

토지를 개발하는 데 있어 가장 중요한 요소 중의 하나는 도로입니다. 도로의 중요성은 아무리 강조해도 지나치지 않습니다.

1. 건축법상 도로

건축법상 도로는 보행자와 차량 통행이 가능한 너비 4m 이상의 도로나 예정 도로를 말합니다. 건축법에서는 건축물의 출입을 위해 건축물의 건축 시 해당 대지의 2m 이상이 도로에 접하도록 규정하고 있습니다. 이는 건축물의 이용자에게 교통상, 피난상, 방화상, 위생상 안전한 상태를 유지·보존하게 하려고 도로에 접하지 않은 토지에는 건축물의 건축행위를 허용하지 않기 위함입니다.

도로는 사람과 자동차 등 도로 이용자들이 통행을 위해 사용하는 길을 뜻하며 차도와 인도를 모두 포함합니다. 건축법상 도로는 사람과 차량의 통행이 가능해야 한다고 정의하고 있습니다. 차량의 너비가 보통 2m 정도인 것을 감안해 두 차량이 오가는 과정에서 부딪치지 않게 해야 하기에 최소 폭의 요구사항이 4m가 된 것입니다. 그리고 자동차가 건축물로 진입할 수 있어야 하므로 건축물의 대지는 도로에 2m 이상 접해야 합니다.

2. '국토의 계획 및 이용에 관한 법률'에 의한 도로

도시계획구역 내의 도로는 국도, 지방도로 등의 도로법상 도로와 구분됩니다. 도시계획 사업으로서 설치되는 도로를 말하며, 다음과 같이 구분되어 있습니다.

1. 사용·형태별 구분 : 일반도로, 자동차 전용도로, 보행자 전용도로, 자전거 전용도로, 고가 도로, 지하 도로
2. 규모별 구분 : 광로, 대로, 중로, 소로
3. 기능별 구분 : 주간선 도로, 보조간선 도로, 집산 도로, 국지 도로, 특수 도로

3. 도로법상 도로

차도, 보도, 자전거 도로, 측도, 터널, 교량, 육교 등 대통령령으로 정

하는 시설로 구성된 것으로써 도로의 부속물을 포함합니다. 고속국도(고속국도의 지선 포함), 일반국도(일반국도의 지선 포함), 특별시도, 광역시도, 지방도, 시도, 군도, 구도 등이 있습니다.

4. 사도법에 의한 도로

사도는 사유도로로서 사법상 설치 허가를 받은 도로입니다. 사도가 생기는 이유는 여러 가지 원인이 있는데, 자신의 땅이 맹지라서 출입하기 위해 도로를 개설하거나 개발하기 위해 만들기도 합니다. 내 땅에 도로를 만드는 것이지만 지자체의 허가를 받아야만 합니다. 사도를 만들어 포장까지 하는 경우 보통 지적도상 '도'로 표시되고 도로관리 대장에도 등재할 수 있습니다. 이렇게 도로대장에 등록이 되면 사도를 만든 사람뿐만 아니라 일반인도 사용이 가능합니다.

만약 다른 사람의 땅을 이용해서 사도를 개발하려면 토지 주인의 사용승낙서를 받아야 합니다. 토지 주인의 승낙이 없으면 개발할 수가 없습니다. 보통 토지사용승낙서를 작성해주는 대가로 금전을 요구하기도 합니다. 정해진 금액이 없기에 협상을 잘해야 사용료를 줄일 수 있습니다. 사도는 토지의 이익을 위해 스스로 설치하는 도로이기 때문에 사용자는 사유재산권이 보호되어야 하므로 사용료를 납부하는 것은 당연하게 받아들여야 합니다.

5. 현황도로

현황도로는 건축법에서 정하는 도로법, 사도법, 그리고 다른 법령에 따라 고시에 따라 만들어진 도로가 아닙니다. 현황도로는 건축허가나 건축 신고할 때 허가권자나 이해관계가 있는 사람에게 동의를 받아 도로로 인정을 받고 개발을 할 수 있습니다. 그리고 동네 주민이 오랫동안 통행로로 이용하고 있는 사실상의 통로로서 해당 지자체의 조례로 정하는 요건에 해당하는 경우에는 이해관계인의 동의가 없어도 건축위원회의 심의를 거쳐 도로로 지정할 수도 있습니다.

현황도로는 도로포장 상태에 따라 건축허가가 결정되기도 합니다. 도로포장의 주체가 지자체이면 특별한 하자가 없는 경우에는 현황도로를 이용해 내 땅의 건축허가를 받을 수 있습니다. 그러나 건축허가는 법 개정이나 지자체 조례로 인한 변수가 있기에 반드시 지자체 허가 담당자에게 사전에 문의해야 안전하게 허가를 받을 수 있습니다.

만약 사유지에 있는 현황도로인 경우 토지사용승낙서를 받아야 하는데, 지금은 승낙서를 받기가 어려워 곤란을 겪는 경우를 자주 봅니다. 따라서 매입하려는 토지가 현황도로에 접해 있다면, 계약 시에 매도인이 토지사용승낙서를 받아줄 것을 특약사항으로 기재하고 문제를 사전에 해결하는 것이 좋습니다.

6. 현황도로의 특징

1. 지목은 도로가 아니라 전, 답, 임야 등 다양하게 지목이 지정되어 있습니다.
2. 지적도에 표시가 되지 않으므로 매물 현장에 가서 직접 눈으로 확인해야 합니다.
3. 농기계나 차량이 통행하고 사실상 이용 중일 때 현황도로로 인정을 받을 수 있습니다.
4. 과거에 이용하다가 현재는 이용하지 않더라도 경우에 따라 현황도로로 인정받을 수 있습니다.
5. 개인 소유의 토지이므로 개인적으로 사용하기 위해서는 토지이용승낙서가 필요합니다.

7. 그 밖의 법령에 따라 신설 변경에 관한 고시가 된 도로

기타 법령에 따라 정해져 있는 도로로 다양한 도로가 있는데, 대표적인 것으로 농어촌도로, 임도가 있습니다. 농어촌도로정비법에 따른 농어촌도로는 도로법에는 규정되지 아니한 도로로써 농어촌 지역 읍 또는 면 지역주민의 교통 편익과 생산, 유통 활동 등에 공용되는 공로이며 면도, 이도, 농도 등이 있습니다. 그리고, 산림자원의 조성 및 관리에 관한 법률에 의한 임도는 산림의 경영 및 관리를 위해 설치한 도로로써 간선임도, 지선임도, 작업임도 등이 있습니다.

8. 도로대장

국가에서 관리하는 도로의 목록이 도로대장입니다. 도로대장은 지자체에 가면 직접 열람 신청을 해서 볼 수 있습니다. 도로대장에 도로로 등재된 도로는 지적도상 '도'라고 표시가 되며, 도로대장에 등재되어 있으면 안심하고 이용할 수 있습니다. 반면 현황도로는 도로대장에 나오지 않으며, 개인의 사유지일 가능성이 큽니다. 그래서 토지를 매입할 때 공지와 접하지 않은 땅은 일단 맹지라고 생각하면 됩니다.

공도가 아닌 경우 개발하거나 건축을 할 때 생각지 못한 난관에 부딪힐 수 있습니다. 그러므로 토지를 매입할 때 도로가 있더라도 사도나 현황도로인지 확인을 하고 반드시 해당 지자체 건축과에 확인해야 합니다.

5장

땅을 파는 능력

사는 것이 쉬울까?
파는 것이 쉬울까?

땅 투자를 할 때, 땅을 사는 것이 쉬울까요?

아니면 땅을 파는 것이 쉬울까요?

보통 일반 투자자들은 땅을 사는 것이 쉽다고 이야기합니다. 그러나 필자는 땅을 파는 것보다 땅을 사는 것이 훨씬 더 어렵다고 생각합니다. 필자는 지금까지 땅을 사기만 하면 비교적 쉽게 팔았습니다. 어떻게 그것이 가능했을까요?

땅에 대해 잘 모르는 사람들은 아무 땅이나 쉽게 사는 경우가 많습니다. 공인중개사무소에서 추천하는 물건을 깊게 생각하지 않고 매입합니다. 그 땅이 가지고 있는 특성이나 입지, 개발계획 같은 것들은 따져보지 않고, 그냥 사두면 오르겠지 하는 막연한 희망을 품고 투자를 합니다. 그것은 아무것도 모르는 어린아이가 호랑이가 귀엽다고 동물원 우리 속에 손을 넣는 것과 마찬가지입니다. 호랑이를 미처 경험하지 못했기 때문에 호랑이의 무서움을 알지 못하는 것과 같습니다. 땅 투자도 마찬가지입니다. 잘못 사면 10년 이상 투자금이 묶이는 사태를 초래하는 것이 땅 투자입니다.

얼마 전 한 교육생이 하소연했던 이야기를 잊을 수가 없습니다. 25년 전 여주에 3억 원 정도 하는 땅을 사두었는데 25년 만에 겨우 팔고 나왔다고 했습니다. 팔고 싶어도 누군가 사줘야 팔리는 것이 땅입니다. 25년 만에 판 땅의 수익률이 50%라고 합니다. 제대로 된 땅을 샀더라면 몇 배는 올라야 정상입니다. 그러나 팔리지 않았던 그 땅은 오랜 시간이 지나도 크게 오르지 않았고, 물가 상승을 고려하면 오히려 손해가 되었습니다. 이처럼 땅을 쉽게 사면 빠져나오기가 어려울 수도 있다는 사실을 꼭 기억하시길 바랍니다.

땅은 사는 것보다 파는 것이 더 쉬운 땅을 사야 합니다. 필자는 땅을 사기가 너무 어렵습니다. 그래서 좋은 땅을 사기 위해 철저히 준비합니다. 땅을 전혀 모르면 오히려 쉽게 결정하는 우를 범할 수도 있습니다. 그냥 운에 맡겨서 선택하면 되기 때문입니다. 반면, 땅을 알면 사기가 더 어렵다는 말은 땅을 잘 알기 때문에 아무 땅이나 쉽게 선택을 할 수 없다는 뜻입니다. “모르고 먹을 수는 있지만 알고는 먹지 못한다”라는 말처럼, 내가 먹는 음식에 누가 침을 뱉은 것을 모른다면 먹을 수 있지만, 알고는 먹을 수 없는 것과 같습니다. 땅의 모든 특성을 알고 나면,

단점이 있는 땅은 살 수가 없다는 말입니다.

땅은, 생긴 모양이 나빠서 못 사기도 합니다.

땅은, 용도지역이라는 쓰임새에 맞지 않아서 못 사기도 합니다.

땅은, 가격이 비싸서 못 사기도 합니다.

땅은, 축사나 송전탑 같은 시설 때문에 못 사기도 합니다.

땅은, 도로가 확보되지 않아 못 사기도 합니다.

이처럼 땅은 살 수 있는 조건보다 사기 힘든 조건이 더 많기 때문에, 다음과 같은 사항을 고려해서 매입을 결정해야 합니다.

1. 시세 대비 싼 땅
2. 매입과 동시에 수익이 확정된 땅
3. 경매나 공매를 통해 공시지가 수준으로 낙찰받을 수 있는 땅
4. 용도지역이 상향될 수 있는 자연녹지나 계획관리지역의 땅
5. 개발지역에 위치해 감정평가가 높게 나오는 땅(개발지역의 토지는 시간이 지날수록 토지의 수량이 줄어들기 때문에 가격은 반드시 우상향함)

땅은 파는 것보다 사는 것이 훨씬 더 어렵다고 느껴져야 진짜 고수가 됩니다. 이렇게 요목조목 잘 따져보고 신중하게 매입한 땅은 사실 파는 데 큰 문제가 되지는 않습니다.

· 땅의 모양이 너무 예뻐서 샀습니다.

· 땅이 어떤 제한도 받지 않는 용도지역이라 샀습니다.

· 땅이 생각했던 것보다 싸서 샀습니다.

· 땅에 축사나 송전탑 같은 유해시설이 없어 기쁜 마음으로 샀습니다.

· 땅에 도로가 너무 잘 붙어 있어 고민하지 않고 샀습니다.

이런 땅이라면 기분 좋게 살 수 있는 땅입니다. 이런 땅이야말로 팔 때 걱정 없는 땅이 되며 이런 땅을 찾아 달라는 사람들이 줄을 서서 기다릴 정도입니다. 처음에 신중하게 땅을 사면, 그 땅은 투자자, 사업자, 또는 장사를 하는 실제 사용자들에게 자연스럽게 팔립니다. 그래서 "땅은 사는 것보다 파는 것이 쉽다"라고 역설적으로 말할 수 있는 것입니다.

파는 것이 쉬운 땅을 찾을 수 있는 실력을 키우시길 바랍니다.

수요공급 법칙이 만든 놀라운 결과

파는 사람이 있으면 누군가는 사줘야 거래가 형성되고, 물건이 적체되지 않아야 좋은 시세가 형성됩니다. 2019년에서 2024년까지를 기준으로 용인 SK하이닉스가 만들어지는 주변 상황에 대해 이야기하겠습니다.

용인시 처인구 원삼면과 백암면 지역은 국가에서 투기 방지를 목적으로 토지거래허가구역으로 지정해놓았습니다. 이로 인해 거래가 잘 이루어지지 않았고, 공급은 있지만 수요가 줄어들면서 토지를 가지고 있는 지주만 애가 타게 되었습니다. 자금이 넉넉한 지주들은 큰 문제가 없지만, 자금이 급히 필요한 상황에 놓인 지주들은 토지를 매도하려고 합니다. 이때 투자자나 땅이 필요한 사람이 매입하면 시장이 형성되고 정상적인 거래로 이어집니다.

그러나 토지거래허가구역에서는 투자 목적으로는 땅을 살 수 없습니다. 반드시 허가받고 땅을 사서, 곧바로 허가받은 대로 개발해야 하기 때문에 토지를 사는 입장에서는 부담이 될 수밖에 없습니다. 그래서 토지거래허가구역으로 묶이면 토지 거래가 급감하고 토지 가격이 크게 조정받습니다.

기회는 시장 상황이 어려울 때 만들어집니다. 남들이 어렵다고 할 때 기회가 생깁니다. 시장을 자세히 들여다보면 답이 나옵니다. 아무런 규제가 없고 시장이 원활하게 잘 돌아가는 때는 땅 가격이 절대 싸게 나오지 않습니다. 시장에서 요구하는 금액 그대로 할인 없이 사야 합니다. 그러나 토지 거래가 특정 규제로 인해 제한을 받으면 시장이 위축되고, 공급은 많아지지만 수요가 급감하면서 가격은 하락할 수밖에 없습니다.

2021년부터 평택에는 삼성전자 반도체공장 건설로 인해 공장 주변으로 약 7만 명의 외부 인력들이 들어왔습니다. 한꺼번에 많은 인력이 몰리면서 숙소로 사용할 원룸이 품귀 현상을 빚었고, 월세가 45만 원에서 70만 원까지 급등했습니다. 공급보다 수요가 압도적으로 많아 이런 현상은 3년 이상 지속되었습니다. 수천 명도 아니고 수만 명이 한꺼번에 몰리면서 공급이 수요를 감당하기가 어려웠기 때문입니다. 수요를 해결하기 위해 3년 동안 도시 주변으로 다가구주택, 다세대주택, 도시형 생활주택, 주거형 오피스텔들이 건축되었고, 공급이 시작되면서 월세가 안정화되었습니다.

그런데 2024년 1월부터 불길한 징조가 나타났습니다. 삼성전자가 반도체공장 5라인과 6라인의 공사 중단을 발표했고, 그로 인해 많았던 인력들이 빠져나가기 시작했습니다. 인력들이 빠져나가자 곧바로 원룸이나 투룸의 방들이 공실이 나기 시작했습니다. 7만 명을 수용했던 일자리가 한순간에 1만 5,000명으로 줄어들자 식당, 숙소, 그리고 상가들의 비명이 들리게 되었습니다. 그 많던 식당들이 문을 닫았고 숙소로 사용했던 방들은 임대를 내놓는다는 벽보가 많아졌습니다. 원룸 월세는 70만 원에서 다시 45만 원으로 내려왔고, 투룸은 170만 원에서 100만 원 이하로 떨어졌습니다. 수요와 공급이 토지 가격과 건물의 임대가격에 지대한 영향을 준다는 사실을 직접 확인할 수 있는 경험이었습니다.

수요와 공급의 법칙을 잘 이해하면, 토지를 살 때나 팔 때 현명하고 지혜롭게 대처할 수 있습니다. 결국 수요와 공급은 투자 타이밍과 회전율에 깊이 연관되어 있다는 점을 명심해야 합니다. 공급이 넘쳐날 때 저렴하게 사고, 수요가 증가할 때 빠른 매도를 통한 수익을 실현하는 것이 성공하는 투자자의 방식임을 꼭 기억하시길 바랍니다.

다음 사람이 먹을 것을 남겨놓고 팔아라

어린 시절 시골에서 자라다 보면 농사일을 자연스럽게 배우게 됩니다. 그중에서 기억나는 일이 있는데 아버지는 감나무에서 감을 딸 때 항상 꼭대기에 있는 감은 남겨놓으셨습니다.

"아버지, 저 꼭대기에 있는 감은 왜 안 따세요?"
"응, 저건 까치들이 겨울에 먹을 수 있도록 놔두는 거야."

감나무뿐만 아니라 사과나무와 배나무에서도 똑같이 남겨두셨습니다. 까치를 위해 배려를 한 것입니다. 까치가 아버지의 배려를 알 수 있을지는 모르겠지만, 중요한 것은 아버지의 따뜻한 마음 씀씀이였습니다. 항상 감사하고 다른 사람을 위해 배려하는 마음을 이야기하고 싶은 것입니다.

부동산 투자에서도 마찬가지입니다. 땅을 많이 거래하다 보니 사람들의 다양한 성품을 발견하게 됩니다. 땅을 사고팔 때 사람들의 성격이 그대로 드러납니다. 절대, 한 푼도 깎아주지 않겠다고 선포하는 사람들이 있습니다. 하지만 거래를 할 때는 약간의 유연성이 필요하며, 조금의 양보와 미덕도 필요합니다.

사실, 사는 사람보다 파는 사람이 더 절실한 경우가 많기 때문에, 사는 사람의 기분을 맞춰주면 거래가 쉽게 성사되기도 합니다. 그러나 파는 사람 중에는 단 1원도 깎아주지 않겠다는 사람들도 가끔 있습니다. 조금만 양보하면 곧바로 계약할 수 있는데 끝까지 고집을 내려놓지 않습니다. 그러면 사는 사람은 민망함을 느끼거나 자존심이 상해 결국 안 사고 나가버리기도 합니다.

이런 경우, 시간이 지나 땅이 팔리지 않게 되면 결국 파는 사람이 먼저 손을 내밀게 됩니다. 처음 협상할 때보다 가격을 깎아주겠다고 다시 연락해보지만, 땅을 사려던 사람은 이미 다른 땅을 매입했거나 살 마음을 접은 상태일 경우가 많습니다. 땅값을 조금만 깎아주는 성의만 보였다면 계약이 성사될 가능성이 컸을 텐데, 하는 아쉬움을 금할 수가 없습니다.

일반적으로 사람들은 가지고 있는 땅이 하나뿐이기 때문에 싸게 팔지 못하고 제값을 받아야 한다고 생각합니다. 그래서 꼭 시세로 팔려고 하는 경향이 있습니다. 너무 급해 급매로 내놓는 경우를 제외하고는 대부분 시세를 고집하는 경우가 많아 쉽게 매도가 안 됩니다.

필자는 땅을 팔 때 시세보다 싼 가격에 팝니다. 이것 또한 처음부터 이기는 전략입니다. 당연히, 이기는 전략을 사용하려면 땅을 살 때부터 시세보다 훨씬 저렴한 금액으로 매입해야 합니다. 그래야 팔 때 충분한 수익을 확보하고 팔 수 있습니다.

땅을 비싸게 파는 것이 목적이 되면 신뢰를 쌓을 수가 없습니다. 내가 진정 노력해야 하는 것은 땅을 싸게 사는 것입니다. 싸게 사야 싸게 팔 수 있기 때문입니다.

땅을 싸게 사면, 땅은 팔기가 너무 쉽습니다. 땅을 비싸게 사면, 땅은 쉽게 팔 수 없습니다. 비싸게 산 땅에 수익을 붙이면 더 비싸게 팔 수밖에 없고, 그래서 오랜 시간이 걸리며, 오랜 시간이 지나면 회전율은 줄어들 수밖에 없으므로 엑시트하기 어려운 것입니다. 결론적으로 땅을 비싸게 산다면 절대로 수익을 남길 수 없습니다. 시세보다 낮은 금액에 사서 시세보다 낮은 금액에 팔아야 사람들이 기쁜 마음으로 땅을 살 수 있습니다.

필자는 다른 사람이 먹을 것을 남겨두고 팔아야 마음이 편합니다. 아주 높은 금액으로 팔게 되면 뒷사람의 수익은 줄어들게 되어 있습니다. 그러면 마음이 불편해지고 쉽게 팔리지도 않습니다. 시세보다 저렴하다는 확신이 들 수 있는 가격을 제시하고, 향후 지속적으로 가격이 오른다는 확신을 주는 토지라면, 기쁜 마음으로 매도할 수 있습니다. 내 땅을 사는 사람이 다시 수익을 낼 수 있도록 배려하는 것이 판매를 쉽게 하는 방법입니다.

추운 겨울, 까치에게 먹을 것을 남겨두는 농부의 진심 어린 배려가 가슴을 따뜻하게 하듯이, 내 땅을 사는 사람이 수익을 낼 수 있도록 여지를 남기는 배려는 서로의 마음을 따뜻하게 합니다.

토지를 잘 파는 능력

토지 투자에서 가장 중요하다고 생각하는 것은 무엇일까요? 그것은 아마도 '내가 산 땅이 언제쯤 팔릴 수 있을까?' 하는 걱정일 것입니다. 이것은 투자를 하는 사람들이라면 가장 크게 염려하고 고민하는 부분일 것입니다. 막상 투자했지만, 앞날에 대한 예측을 확신할 수 없는 것이 토지 투자이기 때문입니다. 지금도 여전히 토지 투자자들은 '언제쯤 땅을 팔 수 있을까?' 하는 고민을 합니다. 이것은 변하지 않는 현실입니다. "토지는 사고 난 뒤 단시간에 판다"라는 생각을 가진 사람은 거의 없습니다. 대부분 장기적인 투자로 생각합니다. 이로 인해 약간의 부담감을 덜 수는 있지만, 한편으로는 '과연 내가 산 땅이 묶이지는 않을까?' 하는 불안감을 떨치기 어려운 것도 사실입니다.

토지를 잘 파는 방법은 무엇일까요? "토지는 시간이 많이 흘러야 팔

린다"라는 고정관념에서 벗어날 수는 없을까요? 우리 회사의 직원인 권 부장의 판매 사례를 소개해보겠습니다.

권 부장은 외국계 회사에서 파트장으로 근무하던 평범한 직장인이었습니다. 우리 회사에 입사한 지는 2년이 되었습니다. 그런데 놀랍게도 입사 첫해에 이미 토지 판매왕이 되었습니다. 공식적으로 조사하지는 않았지만, 국내에서 최고의 토지 판매실적을 기록했다고 생각합니다. 권 부장은 입사 1년 만에 분양을 포함해서 무려 136건의 판매를 기록했습니다. 금액으로 따지면 수백억 원에 이르며, 전무후무한 기록일 것입니다.

일반적으로 토지 매매는 "1년에 두세 건만 성사되어도 괜찮다"라는 말이 있습니다. 그만큼 판매가 어렵다는 이야기입니다. 그렇다면 권 부장은 어떻게 부동산 일을 시작한 첫해부터 놀라운 성과를 이룰 수 있었을까요? 그에 대한 답은 권 부장의 일거수일투족을 가까이에서 지켜본 필자가 가장 잘 알 것 같습니다. 부동산 전문가가 아닌 완전 초보였던 권 부장이 이렇게 처음부터 잘할 수 있었던 비결은 과연 무엇일까요?

첫째, 성공을 향한 간절함입니다.

권 부장을 처음 만났을 때 대화를 나누다 보니, 그는 성공을 향한 엄청난 간절함을 가지고 있었습니다. 필자를 만나기 위해 대구에 있는 일본계 회사에서 고액의 연봉을 포기하고 잘 다니던 직장을 그만둔 뒤 평택으로 이사까지 왔습니다. 얼마나 간절하면 직장을 그만두고 인생의 승부를 걸었을까요? 회사 대표인 필자에게 일을 배우려는 간절한 마음을 외면할 수 없었습니다. 그의 의지는 하늘을 뚫어 버릴 기세였습니다. 이런 사람에게는 무엇을 맡겨도 걱정되지 않을 것 같은 신뢰가 느껴집니다.

필자는 부동산 전문가나 지식과 스킬이 뛰어난 사람보다, 하고자 하는 의지와 강한 정신력을 가진 사람을 더 높게 평가합니다. 어떤 부동산 전문가는 지식과 스킬은 갖추었지만, 간절함이 부족하고 열정은 바닥입니다. 간절함과 열정이 없다면 아무리 해박한 지식이 있어도 고객을 사로잡을 수 없고 절대로 감동을 줄 수 없습니다. 부동산에 대한 지식과 스킬은 노력으로 충분히 극복할 수 있습니다. 또한, 시간이 지나면 자연스럽게 터득할 수 있는 것이 지식과 스킬입니다. 하지만 의지와 정신력은 타고나야 합니다. 이는 그 사람이 가지고 있는 고유한 성질이기 때문입니다.

반드시 성공하겠다는 강한 의지와 정신력이 있다면 결국 성공합니다. 부동산 투자에서는 더욱 확실하게 나타납니다. 권 부장은 그런 절실함과 간절함이 철철 흘러넘쳤습니다. 권 부장은 입사 후 그 간절함을 증명했습니다. 사람을 대하는 태도부터 시작해 자신이 무엇을 해야 하는지 아주 정확하게 알고 있었습니다. 가르쳐주는 모든 것을 어김없이 수행했고, 자신의 진가를 계약으로 입증했습니다. 얼마나 간절한지를 비장한 표정과 강렬한 눈빛에서 읽을 수 있었습니다.

모든 것은 의지로부터 시작되고 정신상태에 의해 결정됩니다. 권 부장은 의지와 정신상태를 뛰어넘는 간절함으로 자신의 운명을 바꿔버린 주인공이 되었습니다. 권 부장은 입사한 지 1년 만에 136건 판매를 기록하며 연봉 10억 원의 주인공이 되었고, 《운명을 거스르다》라는 책을 출간한 저자가 되었습니다.

둘째, 엄청난 노력입니다.

일반적으로 공인중개사무소에서 근무하는 분들은 오전 10시쯤 출근하지만, 권 부장은 아침 7시 30분에 가장 먼저 출근합니다. 출근 후 밀대로 바닥을 청소하고, 화장실까지 깨끗하게 청소합니다. 그 후 동료들이 출근하면 티타임을 가질 수 있도록 미리 준비해둡니다. 성공을 간절히 원하는 사람은 누가 시키지 않아도 스스로 행동하는 특징이 있습니다.

간절한데 어떻게 늦잠을 잘 수 있을까요?
간절한데 어떻게 부동산 공부를 하지 않을 수 있을까요?
간절한데 어떻게 일찍 퇴근해서 집에서 쉴 생각을 할 수 있을까요?
간절한데 어떻게 편안하게 잠을 잘 수 있을까요?

필자는 보험회사에 다닐 때 성공을 향한 간절함이 너무 커서 새벽에 출근하고, 밤늦게까지 일하며 판매 스킬을 연구하고 실천하며 도전했습니다. 열정을 유지하려고 끊임없이 노력했던 기억이 납니다. 기회만 주어진다면 절대 실패하지 않으려고 항상 서슬 퍼런 칼을 갈고 있었습니다. 단 한 번의 기회가 인생을 뒤집을 수 있다는 확신을 가지며 살았습니다.

그런 열정적인 상태를 유지하기 위해 친구를 만나지 않았고, 놀러 가고 싶을 때도 '꾹' 참고 고객을 만나러 다녔습니다. 심지어 잠을 잘 때도 영업하는 꿈을 꾸거나 성공하는 꿈을 꿀 정도로 간절했습니다. 결국, 그 열정과 의지, 그리고 강한 정신력이 빚어낸 결과는 동료들이 10년 동안 받을 연봉을 단 1년 만에 받는 놀라운 기적으로 이어졌습니다.

권 부장도 마찬가지였습니다. 그는 실로 엄청난 노력을 기울였습니다. 바로 옆에서 지켜본 입장에서 보면, 혀를 내두를 정도로 쉬지 않고 상담했던 모습이 기억납니다. 회사에서 투자자를 위한 교육을 진행할 때 강의는 필자가 직접 했지만, 교육참가자들과의 전화 미팅부터 스케줄 관리까지는 권 부장이 직접 꼼꼼히 챙겨야 했습니다. 이 모든 일을 수년간 직접 해왔던 필자는, 이 일이 얼마나 고되고 중요한지 잘 압니다. 시간을 들여 직접 상담을 진행하고, 투자 상담까지 맡아야 하는 이 중요한 역할을 신입사원 1년 차였던 권 부장이 해내야 했습니다.

필자는 매일 고객과 상담하는 일을 반복하다가 결국 2024년 성대결절로 수술을 받게 되었습니다.

오랜 시간 말을 해야 하는 상담 업무는 육체적으로나 정신적으로 결코 쉽지 않으며, 스트레스를 받을 수도 있습니다. 그러나 권 부장은 다행스럽게도 간절함으로 이 모든 것을 극복해냈습니다. 간절함은 열정을 식지 않게 했고, 정신력은 '노력'이라는 두 글자로 승화되어 지지치 않는 체력과 멈추지 않는 노력을 가능하게 만들었습니다.

그 끝없는 노력의 결실이 대기록을 세우는 원동력이 되었습니다. 성공을 위해서는 노력뿐만 아니라 간절함이 반드시 필요합니다. 간절함이 있어야만 노력이 지속될 수 있으며, 목표를 향한 멈추지 않는 힘이 됩니다. 결국, 간절함이 깃든 노력만이 성공을 이루는 핵심 요소가 됩니다. 그래서 노력은 성공의 핵심 요인 중 두 번째 항목입니다.

셋째, 신뢰와 공감입니다.

성공한 사람들의 특징 중 하나는 혼자만의 힘으로 성공한 사람이 거의 없다는 점입니다. 성공은 반드시 누군가의 도움을 통해 이루어지는 특징이 있습니다. 그것이 사회의 지원이든, 기업 시스템의 도움이든, 혹은 주변 사람들의 도움이든, 다양한 형태의 지원과 도움이 있었기에 가능한 일입니다. 이렇게 다양한 지원과 도움을 받기 위해서는 신뢰와 공감이 필수적입니다.

혼자서 아무리 잘해도 다른 사람의 공감을 얻지 못하면 그 노력은 물거품이 됩니다. 혼자 아무리 잘해봐야 자기만족밖에 되지 않습니다. 성공하는 방법에 결코, 자기만족은 없습니다.

성공을 갈망한다면 의지와 정신력, 그리고 열정이 기본이 되어야 합니다. 그런 열정적인 마음가짐 속에서 포기하지 않는 노력을 지속해야 합니다. 그러나 그 노력은 사람들의 신뢰를 쌓고 공감을 얻을 수 있는 방식으로 이루어져야 합니다. 잘못된 방향으로 노력한다면, 오히려 노력하지 않는 것이 나을 수도 있습니다. 그릇된 방법으로 노력하면 사회에서 외면받고 손가락질을 받으며, 결국 성공보다는 실패로 이어질 가능성이 높기 때문입니다. 진정한 성공을 위해서는 올바른 방법으로 노력해야 합니다. 그 노력이 사람들에게 유익을 주고, 사회에 긍정적인 영향을 미치며, 신뢰와 공감을 얻는 방향으로 가야 오랫동안 지속되는 진정한 성공이 될 수 있습니다.

권 부장은 누구보다도 성공을 간절히 원했고, 그의 간절함은 사람들의 마음을 뜨겁게 만들었습니다. 깊은 신뢰와 공감으로 고객들을 가족처럼 여기며, 진정성 있는 상담을 이어갔습니다. 그 결과 고객들은 권 부장의 말을 신뢰하게 되었습니다. 결국, 고객들은 권 부장의 정신에 공감하는 수준까지 이르렀고, 투자 문의가 쇄도하기 시작했습니다. 그리고 그는 단 1년 만에 깨지지 않는 기록을 세우는 놀라운 성과를 이루어냈습니다.

매도 타이밍이 좋았던 실제 사례

위치	경기도 용인시 처인구 백암면 가좌리(계획관리지역)
면적	255평(평당 약 90만 원)
매매일	매입 2021년 11월, 매도 2023년 11월
매매가	매입 2억 3,000만 원, 매도 4억 1,000만 원
차익	1억 8,000만 원(세전)
비고	대출 1억 7,000만 원, 실투자금 6,000만 원

2021년 용인시 처인구에 SK하이닉스 반도체공장 126만 평 개발이 발표된 후, 원삼면과 백암면은 토지거래허가구역으로 지정되었습니다. 토지거래허가구역으로 묶이면서 투자자들의 발걸음이 뚝 끊기게 되었습니다.

2021년 당시 부동산 시장 전체를 보면 호황이었지만, 개발 예정지 일대가 토지거래허가구역으로 묶이다 보니 투자를 할 수 있는 환경이 아니었습니다.

그러나 기회는 이런 틈새시장에서 만들어집니다. 개발계획 발표로 인해 올랐던 토지 가격은 거래가 뜸해지면서 점차 떨어지기 시작했습니다. 전문 투자자들은 이것이 기회임을 직감했지만, 일반인들에게는 불경기와 예측할 수 없는 경제 상황 속에서 토지 투자를 결정하는 것은 쉽지 않습니다. 특히 각종 규제로 묶인 지역의 땅을 산다는 것은 큰 모험으로 여겨질 수밖에 없습니다.

필자는 용인 SK하이닉스 반도체공장의 공사가 시작되면 분명히 원룸 수요가 폭발적으로 증가한다는 것을 삼성전자 반도체공장이 위치한 평택에서 직접 확인했습니다. 그동안의 경험을 바탕으로 볼 때, 2021년은 용인에 투자하는 것이 적기라는 판단이 들었습니다. 남들이 투자하지 않을 때 하는 것이 진정한 투자이며, 가격이 저렴할 때 사야 수익을 많이 남길 수 있다는 사실을 여러 번 경험을 통해 깨달았기 때문에 당연하다고 생각했습니다.

용인 SK하이닉스 공사 현장에서 정확히 5분 거리에 위치한, 다가구 주택을 건축할 수 있는 계획관리지역 대지가 매물로 나왔습니다. 평당 90만 원 수준이었으며, 이미 임야를 대지로 전용한 상태였고, 토목공사까지 완료된 아주 저렴한 땅이었습니다. 2년 이내에 최소 2배 이상 오를 것이라는 확신이 있었습니다.

총매입금액은 2억 3,000만 원이었지만, 1억 7,000만 원의 대출이 가능해 실제 투자금은 6,000만 원만 필요했습니다. 장기 투자에서는 대출금액이 크면 장기간 보유 시 이자가 부담되지만, 단기 투자에서는 레버리지를 적극적으로 활용해야 합니다. 투자 기간이 짧을수록 가능한 한 최대의 대출을 활용하면 투자 수익률을 극대화할 수 있습니다. 이 땅의 경우도 대출을 잘 활용한 덕분에 실투자금 6,000만 원으로 투자할 수 있었으며, 2년 만에 1억 8,000만 원의 세전 수익을 남겼습니다. 결과적으로, 실제 투자금 대비 3배의 수익을 거둔 성공적인 투자 사례가 되었습니다.

앞서 설명했듯이, 용인 SK하이닉스 반도체공장은 개발지입니다. 개발지는 시간이 지날수록 땅값이 상승하게 됩니다. 개발계획에 따라 시간이 지나면서 공사가 시작되면 다양한 변화가 일어납니다. 대규모 공사인력들이 유입되면서, 숙박시설과 편의시설에 대한 수요가 증가해 토지 거래가 활발해집니다. 토지 거래가 이루어지고 난 후에는 실제 원룸이나 다세대주택 같은 숙소 및 편의시설의 개발이 본격적으로 시작되며, 그 주변으로 상권이 형성됩니다. 이처럼 토지 수요가 증가하면서 자연스럽게 토지 가격이 상승하는 메커니즘이 작동합니다.

땅은 살 때 잘 사야 합니다. 저렴하게 사야 수익을 남길 수 있으며, 이를 위해서는 경기 상황을 읽을 수 있는 통찰력이 필요합니다. 남들이 어렵다고 할 때, 경기가 불투명하다고 할 때, 그 상황을 직시하고, 어려운 시기가 언제까지 지속될지 예측할 수 있어야 과감하게 투자해 저렴한 가격에 매입할 수 있습니다. 팔 때도 잘 팔아야 합니다. 타이밍을 놓치면 오랫동안 팔지 못할 수도 있습니다.

앞선 사례를 보면, 어려운 시기에 땅을 샀습니다. 토지 거래가 활발하지 않던 어려운 시기에 땅을 매입했기 때문에 저렴한 가격에 살 수 있었습니다. 이후, 세부 개발계획 발표와 착공이 시작되면서 토지 가격이 상승하기 시작했고 준공 승인이 나기 전, 조금 이른 시점에 매도했습니다. 아주 저렴하게 샀기 때문에 2년 뒤 시세보다 낮은 가격으로 빠르게 매도할 수 있었습니다.

이후, 매도한 자금으로 또 다른 토지를 매입해 현재도 수익을 내고 있습니다. 만약 그때 땅을 팔지 않고 지금까지 보유하고 있었다면 어떻게 되었을까요? 당시 매도가격보다 약간 올랐을 수도 있습니다. 필자는 그 자금을 활용해서 또 다른 곳에 투자해 더 큰 수익을 올리고 있기 때문에 후회 없는 선택을 했다고 자부합니다.

투자의 관점에서 보면 땅은 오래 묵혀둔다고 해서 반드시 좋은 것은 아닙니다. "땅은 오래 묵혀두면 수익이 난다"라는 말이 틀린 말은 아니지만, 진리도 아닙니다. 묵히면 묵힐수록 그 땅으로 인해 놓치는 기회비용은 점점 커집니다. 필자는 땅을 오랫동안 묵혀두기보다는 빠르게 회전시키는 전략을 선택했고, 이는 수백억대 자산을 만들 수 있었던 원동력이 되었습니다.

부록

반드시 알아야 하는 토지 관련 서류

1. 등기사항전부증명서(구 등기부등본)

과거에 등기부등본으로 불렸던 서류인데, 등기부 자체가 완전히 전산화되면서 민원문서의 명칭도 그와 같이 바꾼 것입니다. 하지만 실무적으로는 등기부등본이라고 부르는 사람들이 많습니다. 등기사항전부증명서는 토지나 건물의 소재지와 면적, 지목(토지), 소유권 변동과정, 소유권을 제한하는 제한물권 등이 기록되어 있는 공적 장부입니다. 과거에는 반드시 등기소를 찾아가 발급받았지만, 지금은 인터넷을 이용해 대법원 인터넷등기소 홈페이지에서도 발급받을 수 있습니다. 등기사항전부증명서는 다음과 같이 구성되어 있습니다.

표제부

토지의 현황정보를 표시합니다. 등기 원인별로 면적과 지목, 지적 재조사, 분할 등 변화 과정이 나타납니다. 표제부는 제일 먼저 확인 가능한 부분으로 해당 부동산에 대한 개괄적인 정보를 제공합니다. 어디에 지었는지, 몇 층인지, 어떤 구조인지 등이 표시됩니다. 전반적으로 부동산에 대한 구조와 모양을 해석해놓은 부분이라고 생각하시면 됩니다.

갑구

갑구는 소유권에 관한 내용을 담고 있습니다. 토지나 건물의 현재까지의 소유권 변동 이력을 확인할 수 있습니다. 그리고 현재의 주인이 누구인지 확인할 수 있습니다. 특히 갑구에서는 가압류, 압류, 가처분, 강제경매 등의 경매 사항을 확인할 수도 있습니다. 경매 사항이 너무 많거나 소유자가 자주 바뀌었다면, 해당 부동산에 문제가 있을 수도 있으니 주의해야 합니다. 갑구에서는 임대 계약서 작성 시, 임대인이 소유자와 일치하는지 확인해야 합니다.

을구

을구에서는 부동산의 소유권 외의 권리를 확인합니다. 을구에서는 근저당권을 확인해야 합니다. 근저당권은 토지주가 해당 부동산을 담보로 금융권에 돈을 빌렸을 때, 돈을 빌려준 사람의 권리를 뜻합니다. 만약 돈을 갚지 못해서 토지가 압류된다면 기존 임차인은 보증금을 돌려받을 수 없습니다. 따라서 근저당권이 설정된 부동산 계약은 신중해야 합니다.

2. 토지대장

토지를 거래할 때 등기사항전부증명서와 더불어 토지대장을 함께 확인해야 합니다. 말 그대로 토지의 모든 정보를 기록한 대장을 의미합니다. 토지의 필지마다 소재, 지번, 지목, 면적, 경계, 좌표 등을 조사하고 측량해서 소유자까지 명확하게 기재되어 있다고 보시면 됩니다. 소유권은 등기사항전부증명서에서 확인할 수 있다면, 지목이나 면적 등 토지 자체에 대한 기준은 토지대장이 우선입니다.

이러한 정보는 미래의 투자 가치를 평가하는 데 결정적인 역할을 하며 주거용, 상업용, 공업용, 농업용 등 건축물이나 시설물이 들어설 수 있는 토지를 대상으로 발급됩니다. 따라서, 토지대장에 등록된 토지는 원칙적으로 건축물이나 시설물을 건축할 수 있습니다. 등기사항전부증명서만 확인할 경우, 면적의 변경 사항이 생겼음에도 소유자가 등기소에 신고하지 않은 내용을 놓칠 수도 있습니다. 계약 시에 등기사항전부증명서와 토지대장으로 비교해서 면적이 모두 다 일치하는지 확인하는 작업이 필요합니다.

3. 임야대장

토지대장과 임야대장은 둘 다 토지의 정보를 담고 있는 대장이지만, 그 대상이 되는 토지의 용도에 따라 구분됩니다. 임야대장은 일종의 '숲속 땅의 신분증'입니다. 여기에는 임야의 소재, 지번, 면적 같은 주요 정보들이 담겨 있습니다. 이러한 정보들은 토지의 소유권 변동이나 이용 변화 같은 역사적 자료도 포함하고 있어서, 투자 결정을 내릴 때 아주 중요한 자료가 됩니다.

임야대장은 임야를 잘 관리하고, 필요에 따라 개발하거나 거래할 때 필수적인 자료입니다. 주로 산림과 같은 자연 상태의 토지를 대상으로 합니다. 따라서 임야대장에 등록된 토지는 원칙적으로 건축물이나 시설물을 건축할 수 없습니다.

농지연금의 모든 것

1. 농지연금 자격 기준

농지연금을 받는 수 있는 사람은 농지를 보유한 농업인입니다. 일반적으로 농업인의 기준은 1,000㎡ 이상의 농지를 가지고 농사를 짓거나, 1년에 90일 이상 농업에 종사하거나, 연간 소득이 120만 원 이상인 자를 농업인이라고 합니다. 또한, 330㎡의 비닐하우스에서 농사를 짓는 경우에도 농업인 자격을 가질 수 있습니다.

농업인이 되는 다른 한 가지의 방법은 임차 농업인이 되는 것입니다. 임차 농업인은 다른 사람의 땅을 임차해서 농사를 짓는 경우인데, 이때에도 농업인으로 인정을 해줍니다. 임차할 때 주의할 점이 있는데 일반적으로 농지는 우리나라에서는 경자유전의 법칙에 따라 소작을 금지하고 있습니다. 그래서 임차는 불법에 해당합니다. 단, 임차가 가능한 몇 가지 경우가 있으며, 농지은행을 통한 임차가 유용합니다.

임차가 가능한 경우

1. 60세 이상 농업인이 5년 이상 경작한 농지

2. 1996년 이전에 취득한 농지

3. 농지은행을 통한 임대차

문서상 농업인 자격 및 영농경력

1. 농업경영체 등록(소유자의 주소지 농산물 품질관리원)

2. 농지대장(농지소재지 발급)

농지연금을 받기 위해서는 가장 중요한 첫 번째 사항은 60세 이상 연령이며, 두 번째 사항이 영농경력 사항입니다. 2022년 이전까지는 65세 이상이 되어야 연금이 지급되었는데, 2022년부터 60세로 변경되어 농지연금 가입자들이 늘고 있습니다. 농사를 5년 이상 경작한 이력도 있어야 합니다. 5년 연속 경작한 영농경력이 아니어도 됩니다. 중간에 휴경했다가 다시 경작해서 총합이 5년만 넘기면 영농경력을 합산 경력으로 인정해줍니다. 일반 직장인들이 가장 어려운 부분이 영농경력 5년입니다. 직장생활하면서 영농경력을 만드는 것이 여간 어려운 일이 아닙니다.

농사를 실제로 지어본 사람들은 알겠지만, 농사는 계절마다 관리해야 하는 일들이 많습니다. 제초 작업부터 농약을 치는 일까지 그리고 수확하는 일까지 챙겨야 하는 어려움이 있습니다. 농사를 만만히 봐서는 안 된다는 말입니다. 사실 제일 쉽게 영농경력을 쌓는 방법은 한국농어촌공사에 위탁하는 방법이 있습니다. 단, 한국농어촌공사에 위탁임대가 가능하지만, 모든 농지가 위탁임대를 할 수 있는 것은 아닙니다.

한국농어촌공사에 위탁임대할 수 없는 경우

1. 1,000㎡ 미만의 주말 체험 영농 목적의 농지
2. 농업법인이 1996년 이후 취득한 농지
3. 2인 이상이 공유하고 있는 농지의 일부 지분(전체 위탁임대 가능, 공유자 중에 경작자가 있고 경작 중인 공유자에게 일부 지분을 위탁 가능)

이처럼 모든 농지가 농지은행을 통해 임대가 가능한 것은 아니며, 농지은행에 위탁임대를 했더라도 임차인을 찾지 못하면 위탁이 성립하지 않을 수도 있습니다. 농지은행에 임대 위탁할 수 있는 기간이 있습니다. 농작물 재배를 위한 위탁계약은 5년 이상 10년 이하로 선정된 임차인과 협의해 결정합니다. 시설물 설치, 수목 식재를 위한 위탁계약은 5년 이상 30년 이하의 범위에서 선정된 임차인과 협의해 결정합니다.

이처럼 농지은행에 위탁임대를 하면 일반적인 농지 임대보다 계약기간이 길다는 것은 염두에 두어야 합니다. 농지은행에 위탁할 때, 임대료는 해당 지역에서 같은 조건 농지의 관행적인 임대료 수준에서 임차인과 협의해 결정하게 됩니다. 농지은행은 임차인으로부터 수납한 연간 임차료에서 수수료 5%를 공제하고 잔액을 위탁자에게 지급 약정일에 지급합니다.

한국농어촌공사 농지은행에 농지를 위탁하면 미경작에 따른 농지 처분 등에서 벗어날 수 있고 약정 금액의 임차료를 받을 수 있으며, 일정 기간이 지나면 사업용 토지로 인정받아 매매 시에 비사업용 토지 가산세 10%를 부과받지 않는 장점이 있습니다. 하지만 한 번 계약이 체결되면 상당 기간 토지를 원하는 대로 활용할 수 없다는 단점도 있습니다.

2. 농지조건

모든 토지가 농지연금에 해당하는 것이 아닙니다. 반드시 지목을 확인해야 합니다. 농지의 지목은 전, 답, 과수원 이 3가지 외에는 안 됩니다. 지목이 임야에 실제 농사를 짓고 있어도 안 됩니다. 대지에 농사를 짓고 있어도 안 됩니다. 반드시 지목이 전, 답, 과수원이 되어야 농지연금의 대상이 되는 것입니다.

영농경력 5년이 있다고 하더라도 농지 매입 후 2년 이상 보유한 농지가 해당이 되고, 상속을 받았다면 보유기간에 포함됩니다. 그리고 주민등록상 거리도 따져봐야 합니다. 주민등록상 주소지에 농지를 보유하거나 30㎞ 이내 또는 주소지와 연접지역에 있는 경우 농지연금으로 가입할 수 있습니다.

1. 대상 농지 : 전, 답, 과수원
2. 2년 이상 보유한 농지(상속받은 경우 보유기간 포함)

3. 주민등록상 주소지와 30㎞ 이내 또는 연접지역

농지연금 가입제한 및 제외 농지

농지연금으로 가입할 수 없는 농지도 있습니다. 농사를 짓다 보면 다양한 경우가 발생합니다. 농지 위에 불법으로 건축물이 설치되어 있으면 안 됩니다. 경매를 통해 농지연금용으로 매입을 계획하고 있는 사람들이 꼭 점검해야 하는 항목입니다.

매입할 때 배우자와 공동으로 매입했다면 문제가 되지 않지만, 배우자 이외의 자녀와 공동으로 공유되어 있다면 가입이 안 됩니다. 도시개발이나 산업단지가 계획되어 있는 도시지역도 농지 매입 시 주의해야 합니다. 개발지역의 개발계획이 지정되었거나 시행 고시되어 있는 지역이면 농지연금 신청이 안 되기 때문입니다.

2024년부터 농작업을 위한 농기계 진출입이 어려운 농지는 안된다는 규정이 생겼습니다. 맹지는 무조건 안 된다는 뜻은 아닙니다. 맹지라도 현황도로가 있고 농기계 출입이 가능하다면 가입할 수 있습니다. 마지막으로 농지에 각종 저당권 설정이 되어 있으면 안 되는 것이 원칙이나 전체 선순위 채권 15%까지는 인정해줍니다.

1. 불법건축물이 설치되어 있는 농지
2. 본인 및 배우자 이외의 자가 공동으로 공유되어 있는 농지
3. 개발지역 및 개발계획이 지정 및 시행 고시되어 확정된 지역
4. 농작업을 위한 농기계 진출입이 어려운 농지

5. 저당권이 설정된 농지(선순위 채권 15% 미만인 경우 가능)

평가방법 및 지급기준

농지를 농지연금으로 지급하기 위해서는 정확한 평가를 해야 합니다. 농지은행에서 평가하는 방법은 2가지가 있습니다.

첫 번째는 공시지가의 100%로 평가하는 것입니다.

모든 농지에는 제곱미터당 공시지가가 정해져 있으며, 매년 갱신되어 책정됩니다. 해당 농지의 공시지가가 주변에 비해서 낮다면 공시지가를 높이는 방법도 연구해야 합니다.

두 번째는 감정평가의 90%를 적용하는 것입니다.

해당 농지에 대해 공시지가와 별개로 감정평가를 하는 방법인데, 주변 토지의 거래사례를 통해 감정평가 금액이 산출됩니다. 농지연금을 신청할 때 높은 금액을 받기 위해서는 감정평가를 높게 받을 수 있도록 해당 농지의 농작물이나 농지의 관리 도로 여건 등을 개선시킬 필요가 있습니다.

3. 농지연금의 지급방식

농지연금을 지급하는 방식은 6가지가 있습니다.

1. 종신정액형 : 가입자(배우자) 사망 시까지 매월 일정한 금액을 지급

하는 유형

2. 전후후박형 : 가입 초기 10년 동안은 정액형보다 더 많이 11년째부터는 더 적게 받는 유형
3. 수시 인출형 : 총지급가능액의 30% 이내에서 필요금액을 수시로 인출할 수 있는 유형(수시 인출금은 농지관리기금 운용에 따라 지급 시기 변동)
4. 기간정액형 : 가입자가 선택한 일정 기간 매월 일정한 금액을 지급(5년/10년/15년/20년)
5. 경영이양형 : 지급기간 종료 시, 공사에 소유권 이전을 전제로 더 많은 연금을 받는 유형(5년/10년/15년/20년)
6. 은퇴직불형 : 농지이양 은퇴직불사업 신청 농업인이 농지를 일정 기간 임대한 후 공사에 소유권을 이전하는 전제로, 직불금·임대료·농지연금 월 지급금을 함께 지급받는 유형(6년/7년/8년/9년/10년)

4. 농지연금의 장점

농지연금은 매달, 매년, 평생토록 안정적인 연금을 지급받을 수 있다는 장점이 있습니다. 사망 시까지 노후에 대한 걱정을 하지 않고 연금을 받으면서 가입한 농지에서 영농을 할 수 있기에 매년 고정적인 영농 활동에 대한 수입도 받을 수 있습니다. 또한 나이가 들어 농사가 어려울 때도 임차도 가능해서 임대소득까지 얻을 수 있습니다.

연금을 받다가 농업인이 사망 시 배우자에게 승계할 수 있고, 조기

사망 시 잔존분에 대해서 자녀에게 상속까지 가능합니다. 농지연금을 받는 중에 주변이 개발되어 농지가격이 파격적으로 상승할 수도 있습니다. 이럴 때 그동안 받았던 연금을 반납하면 중도 해지를 할 수 있어서 중도 해지 후 토지를 매도해서 시세차익을 누릴 수 있는 행운이 생기기도 합니다.

농지연금은 대출 상품입니다. 따라서 다른 연금과 중복지급이 가능합니다. 국민연금이나 퇴직연금, 개인연금과 더불어 추가로 중복해서 지급할 수 있습니다. 농지연금은 재산세가 감면되므로 연금으로 인한 세금이 발생하지 않습니다. 보통은 토지를 소유하고 있으면 매년 재산세를 2번씩 납부해야 합니다. 농지연금을 신청하면 6억 원 이하의 농지는 전액 재산세를 감면해줍니다. 6억 원이 초과하면 6억 원까지는 감면해주고 초과하는 부분만 납부합니다. 농지연금의 최고 지급액은 매월 300만 원이며, 배우자와 공유 시 추가로 300만 원을 지급해 부부 합산 600만 원까지 지급되어 노후를 안전하게 설계할 수 있습니다.

1. 매달 고정적인 연금 지급
2. 농업인이 사망 시 배우자에게 승계가 가능
3. 연금을 받으면서 가입한 농지에서 농사가 가능하고 임차도 가능해 임대소득 가능
4. 토지 재산세 감면(6억 원 이하는 전액. 6억 원 초과는 6억 원까지 감면)
5. 잔존분에 대해서 상속 가능

6. 중도 해지 가능(농지가격 상승 시 중도 해지 후 매매 가능)
7. 다른 연금과 중복해서 수령 가능
8. 지급금액은 최고 매월 300만 원(배우자와 공유 시 추가 300만 원으로 600만 원까지 가능)

5. 농업경영체 등록

농지연금을 받기 위해서는 농업경영체로 등록되어야 합니다. 농업경영체는 농업경영을 하는 사람이나 기업을 국가에서 공식적으로 인식하고 농업인으로 인정받는 것이며, 이에 따라 다양한 정책적 지원을 받을 수 있는 자격을 부여하는 과정입니다.

농업경영체 등록을 통해 농업인은 다양한 정부 지원 정책과 보조금 혜택을 받을 수 있습니다.

1. 정부에서 직불금, 보조금 등 다양한 지원금
2. 농업 정책자금을 쉽게 신청할 수 있으며 농지 매입자금에 대한 대출이나 농기계 구입 비용 지원 등의 혜택
3. 농업 관련 교육프로그램 및 경영 컨설팅
4. 자연재해로 인해 손해를 입었을 때 보상받을 수 있는 농작물 재해보험에 가입 가능

농업경영체 등록 조건은 다음과 같습니다.

1. 1,000㎡ 이상의 농지에 농작물 재배
2. 농지에 660㎡ 이상의 채소, 과실, 화훼작물 재배
3. 농지에 330㎡ 이상의 고정식 온실, 버섯재배사, 비닐하우스 시설을 설치해 농작물 재배
4. 330㎡ 이상의 농지에 기준 이상의 가축사육시설 면적에 기준 이상의 가축을 사육하는 사람

6. 단점 및 주의사항

농지연금이 좋은 점만 있는 것은 아니며 단점도 있습니다. 농지연금의 최대 단점은 물가 상승 적용이 불가능하다는 것입니다. 농지연금용 토지를 보면 매년 공시지가가 상승합니다. 1년에 5%만 상승하더라도 20년이 지나면 현재 가격의 2배가 됩니다. 매년 공시지가가 상승하듯 감정가나 시세는 계속 상승하는 것이 토지의 매력인데, 이런 점을 적용해주지 않습니다.

필자가 살고 있는 평택 고덕신도시 주변 경지정리가 되어 있는 농업진흥지역의 토지의 경우, 30년 전에 평당 5,000원에 거래되었던 것이 현재는 평당 100만 원에 거래가 되는 것을 보면 30년 만에 200배가 넘게 상승했습니다. 이런 물가 상승분을 적용해준다면 금상첨화이겠지만 가장 아쉬운 부분입니다.

개발되는 지역에서 농지연금을 받는 사람들이 농지연금을 해지하는 것이 바로 이런 이유입니다. 급등한 시세를 반영하지 못하는 농지연금을 해지 후 매매 차익을 실현한 것이 연금보다 훨씬 높은 수익을 낼 수 있기 때문입니다. 향후 농지연금은 물가 상승분에 대한 논의가 필요한 부분으로 보입니다.

또 다른 단점으로는 공시지가의 100% 또는 감정가의 90%로 지급된다는 사실입니다. 감정가의 90%는 사실은 모호합니다. 실제 감정가가 시세와 차이가 나기 때문입니다. 공시지가는 정확한 숫자로 결정되어 있는 반면, 감정가와 시세는 공시지가와 현저하게 차이가 나기 때문에 온전하게 평가받기가 어려울 수 있습니다. 아파트와 다르게 농지라는 것은 거래가 많지 않기 때문에 감정가를 정하기가 어려울 때가 많습니다. 실거래가 기준을 잡기가 애매할 수 있다는 것입니다. 시골 지역으로 갈수록 거래 내역이 거의 없다 보니 공시지가로 평가되는 경우가 많습니다. 이 경우는 혜택이 크지 않을 수도 있습니다.

농지연금은 공유지분으로 되어 있는 농지는 가입이 불가능한데, 보통 부모나 자식 간에는 공유로 되어 있는 농지가 많습니다. 그 이유는 상속이나 증여를 하게 되면서 자연스럽게 부모와 자녀가 공동으로 소유하고 있기 때문입니다. 이런 경우는 농지연금 가입이 되지 않기에 농지연금을 가입하기 위해서는 자녀의 지분을 부모에게 넘겨야 하는 불편함이 있습니다.

1. 실거래가격과 차이가 있음(실거래가, 감정가, 공시지가)

2. 일단 지급이 되면 물가 상승 적용 불가

3. 공유지분으로 사면 안 됨(부부는 가능)

토지 투자자가 반드시 알아야 할 토지 용어

대지

건축법상의 대지란 건축물에 사용할 최소의 공지를 확보해 채광, 일조, 통풍, 소방 등의 편리를 도모하는 목적으로 구획된 토지를 대지라고 합니다. 대지는 현재 건축물이 지어져 있거나 앞으로 건축물을 지을 수 있는 토지를 대지로 정의할 수 있습니다. 대지는 지적법에서 나온 용어입니다. 지적법에서는 토지의 용도를 기준으로 토지를 28가지 종류로 분류하고 각각의 종류마다 이름을 붙여놓았는데 이를 '지목'이라 하며 '대'로 표시된 지목이 대지라고 합니다.

토지를 이용해서 대지에는 건축이 곧바로 가능합니다. 일반적으로 토지에 건물을 짓고자 할 때는 토지의 지목이 '대'여야 합니다. 그렇지 않으면 지목을 '대'로 바꿔야 건축이 가능합니다. 지목이 전, 답, 과수원으로 되어 있는 농지에 건물을 짓는다면 농지전용허가를 받아서 건축해야 하고 전용이 되면 지목이 '대'로 바뀌게 됩니다.

우리가 일반적으로 이야기하는 건축이 되어 있는 토지를 대지라고 부르기도 합니다. 보통 건물이 지어져 있는 토지를 포괄적으로 택지라고 부르기도 합니다. 우리가 일반적으로 부르는 부지는 각 토지의 바닥 토지를 부지라고 말합니다.

많은 초보 투자자들이 토지 투자에서 토지를 전용한 대지를 선호하지만, 대지 가격이 일반 허가받지 않은 원형지보다 훨씬 비싸기 때문에 가격 차이가 많이 난다면 대지보다는 원형지 상태로 저가 매입하는 것이 수익률이 훨씬 좋아집니다. 그러나, 토지를 개발한 경험이 없고 곧바로 건축을 할 실사용자라면 대지도 좋은 선택이 될 수 있습니다.

출처 : 저자 제공

농지

농지는 농업경영을 위해서 사용하는 토지입니다. 농지법에서 농지란 전·답·과수원 기타 그 법적 지목 여하에도 불구하고, 실제 토지 현상이 농작물의 경작 또는 다년성 식물 재배로 이용되는 토지 및 그 토지의 개량시설 용지와 고정식 온실·버섯재배사 등 농업생산에 필요한 일정 시설의 용지를 말합니다.

농지 취득 시 농취증이 발급되어야 가능하고, 경자유전의 법칙에 따라 소작을 금지하고 실제 농사를 짓는 사람이 농지를 취득해야 하는 규정을 두고 있습니다. 헌법은 농지의 소작제도를 금지하되, 농업 생산성의 제고와 농지의 합리적 이용을 위해 불가피할 때 임대차 및 위탁경영을 법률이 정하는 바에 의해 인정하고 있습니다.

조세특례제한법상 양도할 때까지 8년 이상 직접 경작한 토지로서 농업소득세의 과세대상이 되는 토지 중 대통령령이 정하는 토지의 양도로 인해 발생하는 소득은 1년간 1억 원 한도, 5년간 2억 원까지 양도소득세를 감면합니다.

농업진흥지역

농업진흥지역은 농지를 효율적으로 이용하고 보전하기 위해 우량농지로 지정된 지역을 말합니다. 농업진흥지역은 진흥구역과 농업보호구역으로 나누어 지정되는데, 농업진흥구역은 현행 절대농지와 같이 개발이 제한되나 정부가 생산 기반시설, 전업농 육성, 추곡 수매량 우선 배정, 유통가공 시설 등을 우선 지원하기도 하고 다양한 혜택을 받게 됩니다. 그리고 농업보호구역은 진흥구역의 용수원을 확보하고 수질 보전 등을 위해 농업에 대한 환경을 보전해야 할 필요성이 있는 지역이 지정됩니다.

농업진흥구역은 농지 중에서 가장 규제가 심한 농지이고, 농사 외 다른 용도를 사용할 수 있는 것들이 상당히 제약되어 있습니다. 보통 시골에 가면 논이나 밭이 사각형 모양으로 경지정리가 잘되어 있는 절대농지라고 부르는 토지가 농업진흥구역 토지입니다.

출처 : 저자 제공

농업진흥구역에서 할 수 있는 건축행위

1. 농업생산 또는 농지개량과 직접 관련되는 토지 이용

2. 농수산물 가공처리 시설(10,000㎡ 미만), 농수산물 연구시설(3,000㎡ 미만)

3. 농업인 공동생활에 필요한 편의시설(마을회관, 유치원, 노유자시설 등)

4. 농업인 주택(660㎡ 이하)

5. 기타 농업용 또는 축산업용 시설의 설치

농업보호구역에서 할 수 있는 건축행위

1. 농업진흥구역에서 허용되는 건축물

2. 관광농지부지 : 20,000㎡ 미만

3. 주말농원사업부지 : 3,000㎡ 미만

4. 태양에너지를 이용한 발전설비 : 10,000㎡ 미만

5. 단독주택과 1종, 2종 근린생활시설 부지 : 1,000㎡ 미만

농업진흥지역 해제 기준

도로 철도 개설 등 여건 변화에 따라 3ha(9,075평) 이하로 남은 자투리 지역 주변이 개발되는 등의 사유로 3ha 이하로 단독으로 남은 농업진흥구역이 해제 대상입니다. 도시지역(녹지지역) 내 경지정리가 되지 않은 농업진흥구역, 농업진흥지역과 자연촌락지구가 중복된 지역, 농업진흥구역 내 지정 당시부터 현재까지 비농지인 토지 중 지목이 염전·잡종지·임야·학교용지·주차장·주유소·창고용지인 토지가 해당됩니다.

농업진흥구역에서 농업보호구역으로 변경되는 기준

1. 도로, 철도 개설 등 여건 변화에 따라 3~5ha로 남은 자투리 지역
2. 경지정리 사이 또는 외곽의 5ha(15,125평) 이하의 미경지정리 지역
3. 주변 개발 등으로 단독으로 3~5ha 이하로 남은 지역

임야

임야는 지목 종류 중 하나로 산림이나 들판을 이루는 숲, 습지, 죽림지, 황무지, 간석지, 사지, 등의 땅을 통틀어서 일컫는 것입니다. 우리가 주변에 흔히 볼 수 있는 산이 임야의 대표적인 종류라고 생각해도 됩니다. 임야는 보전산지와 준보전산지로 나뉩니다. 보전산지는 다시 임업용 산지와 공익용 산지로 구분됩니다. 준보전산지는 보전산지 이외의 모든 산지를 말합니다.

임업용 산지는 임업 생산을 목적으로 하기에 투자하기 적합하지 않습니다. 공익용 산지는 재해 방지, 자연보전을 목적으로 하기에 절대적으로 투자하기에 적합하지 않습니다. 준보전산지는 국토 계획 및 이용에 관한 법률을 적용받기 때문에 주택이나, 창고, 공장 같은 개발행위 허가를 받을 수 있기에 투자하기 적합한 토지라고 할 수 있습니다.

임목축적도

임야는 건축 시에 꼭 확인해야 하는 사항이 경사도와 임목축적도입니다. 경사도가 25도 이상 되면 건축허가가 불가능하다고 생각하면 됩

니다. 혹 스키장 같은 것은 가능할 수도 있겠지만, 상식적인 개발행위허가에서는 건축허가가 나지 않습니다. 지자체에 조례에 따라 20도, 15도까지 낮춰 허가를 내주기도 하고, 수도권 대부분은 15도로 낮게 되어 있기에 반드시 토목측량회사에 방문해 알아본 뒤 매입하는 것이 좋습니다. 임야를 개발하기 위해서는 산림조사 측 임목축적 조사를 해야 합니다. 즉, 해당 임야의 나무에 대해서 나무의 종류와 수량 등을 조사해서 기준에 맞아야 개발행위허가가 나온다는 것을 알고 있어야 합니다.

토지계획이용확인서

토지이용규제 기본법에 따라 필지별로 지역·지구 등의 지정 내용과 행위 제한 내용 등의 토지 이용 관련 정보를 확인하는 서류를 말합니다. 토지에 관해서 궁금한 내용에 대한 해답지라고 생각하면 됩니다.

출처 : 저자 제공

지목, 개별공지지가, 면적, 지역지구 등 지정 여부, 확인도면에 관해서 정보를 볼 수 있습니다. 토지 투자를 전문적으로 하는 사람이라면 반드시 알아야 할 토지에 대한 해독서입니다.

토지이용계획확인서로 확인할 수 있는 필지별 토지 이용 관련 정보

1. 지역·지구 등의 지정 내용
2. 지역·지구 등에서의 행위 제한 내용
3. '부동산 거래신고 등에 관한 법률'에 따른 토지거래계약에 관한 허가구역
4. '택지개발촉진법 시행령'에 따른 주민공람 공고의 열람 기간
5. '공공주택특별법 시행령'에 따른 주민공람·공고의 열람 기간
6. '건축법'에 따라 위치를 지정해 공고한 도로
7. '국토의 계획 및 이용에 관한 법률'에 따른 도시군관리 계획 입안 사항
8. '농지법 시행령'에 따른 영농여건불리농지
9. '공유수면 관리 및 매립에 관한 법률' 제48조에 따른 매립목적 변경 제한
10. '산지관리법' 제21조 제1항에 따른 용도변경 승인 기간
11. '경관법' 제9조 제1항 제4호에 따른 중점경관관리구역
12. 지방자치단체가 도시·군계획조례로 정하는 토지 이용 관련 정보

토지이용계획확인서를 발급받으려면 특별자치도지사, 시장 · 군수 또는 구청장에게 토지이용계획확인신청서를 제출해야 하며, 신청을 받

은 지자체장은 국토이용정보체계를 활용해 토지이용계획확인서를 발급합니다.

개발행위허가

출처 : 저자 제공

토지를 매입 후 원형지 상태에서 주변이 개발되어 본인의 토지를 개발하게 될 경우도 있습니다. 개발행위허가는 대한민국 국토의 무분별한 난개발을 막기 위한 목적으로 계획적인 관리를 하기 위해서 개발행위에 대한 전반적인 내용을 검토하고 허가를 해주는 제도입니다. 개발행위허가는 개발행위의 계획의 적정성과 기반시설의 확보, 개발지 인근의 주변 경관과 자연환경과 조화 등을 다양하게 고려해 결정하고 있습니다. 절토, 성토, 정지와 포장 등의 토지 형상을 변경하는 행위에 대해서도 허가가 필요하고 공유수면 매립과 함께 모래, 바위, 자갈을 채취하는 행위나 토지를 분할하는 것까지 개발행위허가를 받고 해야 합니다.

모든 개발은 국토를 효율적으로 활용해야 하고 그러기 위해서는 엄격한 행정계획절차를 거치게 됩니다. 대규모로 개발하지 않고 소규모로 개발한다면 복잡한 행정단계를 거치지 않고 간단하게 허가를 해주기도 하지만, 실제로 설명하는 것과 다르게 개발행위허가를 받기가 상당히 어렵습니다. 이러한 개발행위를 하려면 시장 군수에게 허가 신청을 해야 하고, 개발행위를 하려는 5가지의 목적 사업에 포함됨을 증명해야 합니다.

개발행위의 대상

1. 건축물을 건축하는 것
2. 공작물을 설치하는 것
3. 토석을 채취하는 것
4. 토지를 분할하는 것
5. 물건을 쌓아놓는 적치 행위

개발행위 절차를 풀어보면 개발행위허가에 따른 기반시설의 설치 및 그에 필요한 용지의 확보 및 위해방지, 환경오염방지와 경관 및 조경 등에 관한 계획서, 토지 소유권, 사용권 등 신청인의 개발행위를 증명하는 서류를 준비하고 개발행위허가의 목적, 사업기간 등을 명확하게 기재해서 개발행위허가를 신청하면 됩니다. 신청하면 접수가 되면서 기준을 검토하게 되고 협의 및 의견 청취를 합니다. 그리고 도시계획위원회 심의를 본 다음 개발행위허가 여부를 통보해줍니다. 그 후 개발행위허가 이행 담보, 개발행위, 준공검사로 진행이 됩니다.

보통 토지 투자자들이 개발행위허가를 직접 하기가 매우 어렵기에 토목측량회사에 의뢰하는 것이 효율적입니다. 직접 하려다 시간과 비용이 오히려 더 많이 들 수도 있기 때문입니다.

접도구역

도로 확장용 용지 확보, 도로 보호, 도로 미관의 보존, 위험 방지 따위를 위해 법으로 지정한 일정 거리의 구역입니다. 토지의 형질변경, 건축, 식목, 벌목이 금지되거나 제한됩니다. 이 접도구역은 교통에 대한 위험을 방지하기 위해 도로 경계선으로부터 일정 구역을 지정하고 개발행위를 제한하는 도로법상의 규정이고, 비도시지역에만 접도구역이 있으며 도시지역에는 완충녹지가 그 역할을 합니다.

접도구역 지정범위는 고속도로는 도로 경계선으로부터 20m, 일반

출처 : 저자 제공

국도는 도로 경계선으로부터 5m, 지방도로 또한 도로 경계선으로부터 5m를 띄워야 합니다. 접도구역은 건폐율 산정 시 포함되지만, 접도구역에는 건축이 제한됩니다.

건폐율 및 용적률

건폐율은 대지면적에서 건축물이 차지하는 비율을 뜻합니다. 건폐율이 낮을수록 전체 대지면적에서 건축물이 차지하는 비중이 작다는 것을 의미합니다. 예를 들어보면 건폐율이 20%라면 전체 대지면적에서 20%만 건물이 만들어진다는 말입니다. 나머지는 주차장이나 녹지 공간으로 활용됩니다.

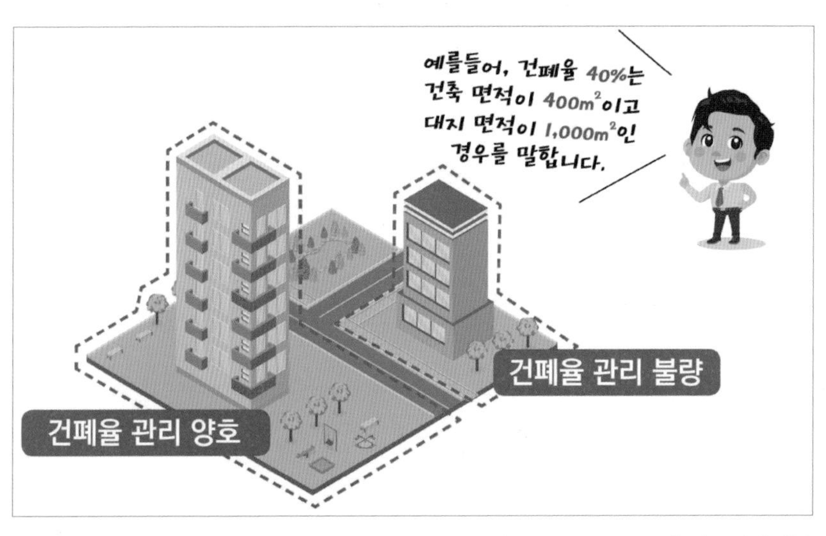

출처 : 저자 제공

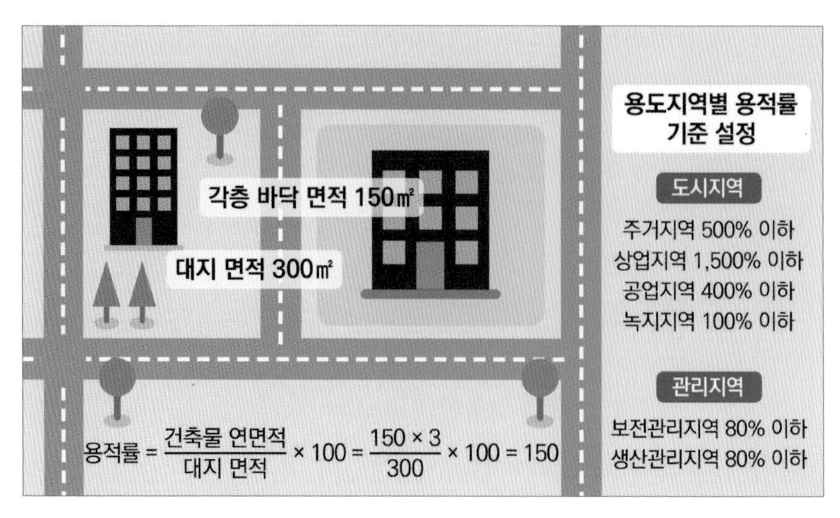

출처 : 저자 제공

용적률은 대지면적에 대한 건축물의 연면적 비율을 말합니다. 건폐율이 수평적 면적이라면 용적률은 수직적 면적이라고 생각하면 됩니다. 용적률이 높다는 것은 높게 건물을 지을 수 있다는 의미입니다. 예를 들어 200평 땅에 용적률이 100%라고 한다면, 바닥 평수 50평짜리 건물을 4층까지 지을 수 있게 됩니다. 용적률을 계산할 때는 지하층의 바닥 면적과 지상층 중 주차장 용도의 면적은 제외됩니다.

용도지역, 용도지구, 용도구역

용도지역은 토지의 이용 및 건축물의 용도, 건폐율, 용적률, 높이 등을 제한함으로써, 토지를 경제적이고 효율적으로 이용하고 공공복리 증진을 도모하기 위해 서로 중복되지 않게 도시관리계획으로 결정하는 지역을 의미합니다. 용도지역을 계획할 때는 합리적인 공간구조의 형성, 교통계획, 기반시설 배치계획, 주거환경보호 및 경관 등과의 상호 관련성을 고려해 도시의 규모 또는 시가지의 특성에 따라 적절히 지정합니다.

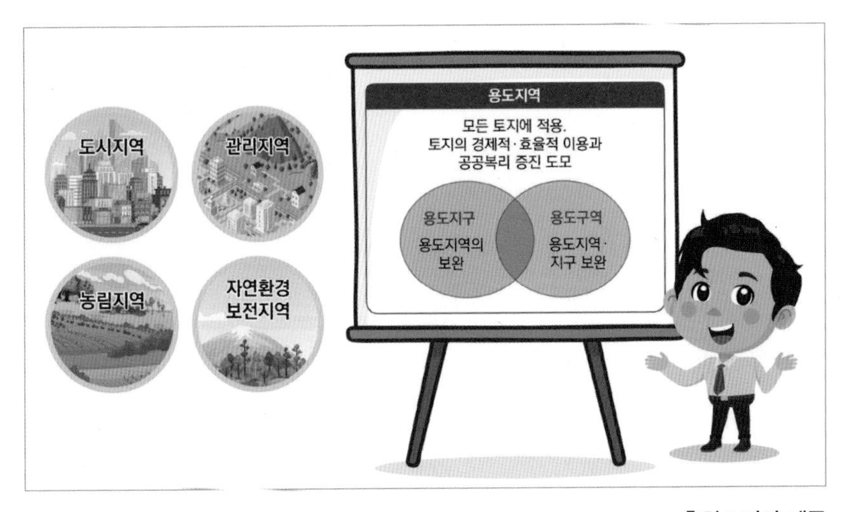

출처 : 저자 제공

용도지역은 크게 도시지역, 관리지역, 농림지역, 자연환경보전지역의 4가지로 구분되며, 도시지역은 다시 주거지역, 상업지역, 공업지역, 녹지지역으로 분류됩니다.

용도지구는 용도지역에 따른 행위 제한을 강화하거나 완화함으로써, 용도지역의 기능을 증진하고 경관과 안전 등을 도모하기 위해 도시관리계획으로 결정하는 일단의 지역을 말합니다. 용도지구로 지정된 곳은 필요한 경우 지구단위계획을 수립해 지구 지정 목적에 적합하게 개발하거나 관리할 수 있습니다. 용도지구는 '국토의 계획 및 이용에 관한 법률'에 따라 경관지구, 고도지구, 방화지구, 방재지구, 보호지구, 취락지구, 개발진흥지구, 특정용도제한지구, 복합용도지구로 9가지로 구분되고, 필요에 따라 동법 시행령 및 해당 지방자치단체의 조례로 더욱 세분해 정할 수 있습니다.

용도구역이란 토지의 이용 및 건축물의 용도, 건폐율, 용적률, 높이 등에 대한 용도지역 및 용도지구의 제한을 강화하거나 완화함으로써 시가지의 무질서한 확산 방지, 계획적이고 단계적인 토지 이용의 도모, 토지 이용의 종합적 조정·관리 등을 위해 도시관리계획으로 결정하는 일단의 지역을 말합니다. 용도구역은 개발제한구역, 도시자연공원구역, 시가화조정구역, 수산자원보호구역, 입지규제최소구역 등 5가지로 구분됩니다.

개별공시지가

개별공시지가란 표준지공시지가를 기준으로 해서 산정한 개별토지에 대한 단위면적당(원/㎡) 가격입니다. 즉, 공시지가는 표준지에 대한 지가로써 건설부 장관이 결정 고시한 지가이고, 개별공시지가는 이 표준지가를 기준으로 해서 시장, 군수, 구청장이 개별 필지의 지가를 산정한 가격을 말합니다. 개별지가를 산정함에 있어서 가격 결정에 가장 영향을 미치는 요소는 토지의 특성 조사와 표준지 선정입니다. 개별공시지가는 양도소득세, 증여세, 상속세, 종합토지세, 개발부담금 등의 토지에 대한 과세와 농지전용부담금의 부과 기준으로 활용됩니다. 개

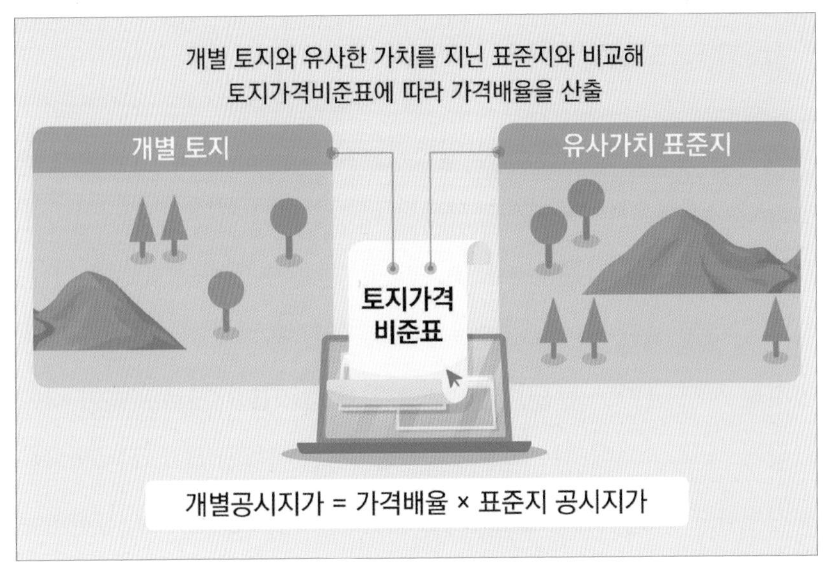

출처 : 저자 제공

별공시지가에 이의가 있는 경우 결정·공시일로부터 30일 이내에 이의를 신청할 수 있습니다.

토지의 특성 조사 항목은 여러 가지가 있으나 그중 토지의 용도(주거용, 상업용, 공업용, 전답 등)와 도로조건 및 공적규제(용도지역, 용도지구, 기타 제한 등) 사항이 지가 결정에 중요한 항목입니다. 공시지가 현실화 방안에 맞춰 도시 중심으로 시세를 반영해 공시지가를 높이고 있고, 미개발지는 현 토지의 공시지가와 실제 거래되는 가격에는 상당한 금액 차이가 발생하고 있습니다.

농지전용부담금

농지라고 함은 우리가 알고 있는 전, 답, 과수원이 농지입니다. 일반인들이 농지를 사는 이유는 농사를 직접 지으려고 사는 경우도 있지만, 대부분은 집이나 건물을 지으려고 하는 경우가 많습니다. 보통 땅을 사서 건축을 하면 된다고 생각하지만 실제로 해야 할 것들이 많습니다. 농지를 사서 곧바로 건물을 지으려고 하면 농지를 대지로 바꿔야 하고 그렇게 바꾸기 위해서는 비용이 들어갑니다. 이렇게 들어가는 비용을 농지전용부담금이라고 합니다. 쉽게 말해서 농지를 대지로 전환하는 비용이라고 생각하면 됩니다.

그럼 농지전용부담금이 어떻게 계산될까요? 농지전용부담금은 농지의 면적에 개별공시지가의 30%로 계산합니다. 하지만 개별공시지가가 1㎡당 5만 원이 넘는다면 상한선을 최대 5만 원으로 계산합니다. 그래서 평으로 계산하면 1평이 3.3㎡이므로 1평당 165,000원이 상한선입니다.

농지 전체를 대지로 변경할 필요는 없습니다. 그 이유는 농지 전체를 전용하다 보면 농지전용부담금이 생각 이상으로 많이 나오기에 건축을 위해 필요한 만큼만 하고, 나머지는 그냥 농작물을 기르는 농지로 두는 것이 좋습니다.

대체산림조성비

대체산림조성비란 산지전용허가, 산지일시사용허가 등에 따라 산지를 다른 용도로 사용하려는 사람이 국가에서 산림을 다시 조성하는 데 필요한 일부 비용을 정부에 내는 원인자 부담의 한 종류라고 보면 됩니다. 대체산림조성비는 부담금의 일종으로 세금은 아니지만, 개발업자가 내야 하는 비용입니다.

산림청은 산지관리법 제19조에 따라 매년 1/4분기에 대체산림자원조성비 단가를 고시합니다. 대체산림자원조성비는 보전산지, 준보전산지, 산지 전용제한 지역으로 구분해 고시하는데 보전산지는 준보전산지의 130%, 산지 전용제한 지역은 준보전산지의 200%를 부과합니다. 우리나라의 전체 임야 중 보전산지는 약 77%이고, 이 중 공익용 산지와 임업용 산지를 보전산지라고 합니다. 준보전산지는 보전산지가 아닌 산지로서 대체로 관리지역으로 분류되는 임야이고 산지 중 23%만이 준보전산지로 되어 있습니다. 대체산림자원조성비의 계산 방법은 다음과 같습니다.

부과금액 = (개발 면적 × 제곱미터 금액) + (개별공시지가의 1%)

개발부담금

출처 : 저자 제공

토지 개발로 발생하는 개발이익을 환수하고 적정하게 배분해 토지에 대한 투기를 방지하려는 목적으로 도입되었습니다. 토지의 효율적인 이용 촉진을 도모하기 위해 각종 개발사업으로 생긴 이익을 부담금으로 징수하는 제도입니다. 개발부담금은 택지개발사업, 산업단지, 관광단지, 온천개발, 골프장 건설사업, 도시환경 정지사업, 물류시설 용지 조성사업 같은 지목변경이 수반되는 사업에 부과하는 부담금입니다.

개발하는 모든 토지가 개발부담금 대상이 되는 것은 아니고 일정한 면적 이상 개발할 때 부과하는데, 도시지역은 990㎡ 비도시지역은 1,650㎡ 이상 되어야 개발부담금 대상이 됩니다.

연접시행

대상 사업 면적산정은 동일인(배우자 및 직계존비속 포함)이 5년 이내에 연접 시행한 사업면적을 합산해 부과 대상 면적으로 산정합니다. 동일인이 연접한 토지에 하나의 개발사업이 종료된 후 5년 이내에 개발사업의 인가 등을 받아 사실상 분할해 시행하는 경우에는 각 사업의 대상 토지 면적을 합한 토지에 하나의 개발사업이 시행된 것으로 봅니다.

또한, 동일한 인수인이 동일 필지를 각각 부과 대상 규모 이하로 사실상 분할해 시행한 후 소유권이전을 할 때는 연접한 토지에 동일한 개발사업을 시행한 것으로 봅니다. 동일인이 연접한 토지에 둘 이상의 개발사업을 각각 다른 시기에 인가 등을 받아 사실상 분할해 시행하는 경우에는 그 사업지구의 면적을 합해 모두 개발부담금 부과대상이 됩니다. 먼저 착수한 사업지구가 이미 완료되었다고 하더라도 모두 합산해 개발부담금을 부과합니다.

개발부담금 납부의무자

개발부담금은 다음과 같이 부과됩니다.

1. 납부의무자는 개발사업을 위탁 또는 도급한 경우에는 그 위탁이나 도급을 한 자
2. 타인의 토지를 임차해 개발사업을 시행한 경우에는 토지 소유자
3. 개발사업을 완료하기 전에 사업시행자의 지위를 승계하는 경우에는 그 지위를 승계한 자

개발부담금과 개발이익은 다음과 같이 계산됩니다.

개발부담금 = 개발이익 × 25%

개발이익 = 종료시점지가 − (개시시점지가+개발비용+정상지가상승분)

개발비용

개발비용에는 다음 사항들이 포함됩니다.

1. 순공사비(제세공과금 포함), 조사비, 설계비, 일반관리비, 기타경비(예정가격 결정기준 중 공사원가계산을 위한 재료비 · 노무비 · 경비의 산출방법을 적용해 산출하되, 정부 표준품셈과 단가에 따른 금액)
2. 관계 법령의 규정 또는 인가 등의 조건에 의해 납부의무자가 공공시설 또는 토지 등을 국가 또는 지방자치단체에 제공하거나 기부한 경우의 가액
3. 당해 토지의 개량비
4. 지목변경취득세, 농지보전부담금, 대체초지조성비, 대체산림자원조성비 등

개발사업 부지면적 2,700㎡ 이하인 경우 순공사비, 조사비, 설계비, 일반관리비 합계액에 대해 국토교통부 고시로 정한 단위면적당 표준비용을 적용해 개발비용을 신고할 수 있습니다. 단, 토목공사를 수반하지 않고 단순히 용도변경 등만으로 완성되는 개발사업인 경우 단위면적당 표준비용이 적용 제외됩니다.

개발비용산출내역서를 제출하지 않았을 때는 '개발이익 환수에 관한 법률' 제29조 제1항 규정에 따라 과태료가 부과되며, 개발비용을 적용받지 못한 상태에서 개발부담금이 부과됩니다.

지구단위계획구역

도시계획 수립 대상 지역의 일부에 대해 토지 이용을 합리화하고, 그 기능을 증진시키며 미관을 개선하고 양호한 환경을 확보합니다. 그 지역을 체계적·계획적으로 관리하기 위해 '국토의 계획 및 이용에 관한 법률'에 따라 도·시·군 관리 계획으로 결정·고시된 구역을 말합니다. 즉,

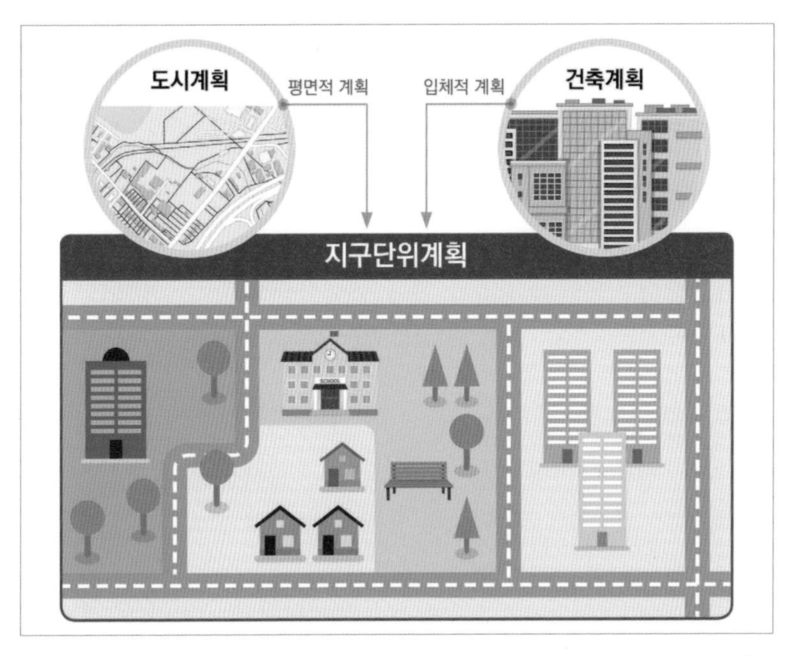

출처 : 저자 제공

여러 도시계획구역 중에서도 개발이 필요하다고 보는 특정구역을 보다 세밀하게 관리하기 위해서 지정해놓은 것을 의미합니다.

지구단위계획구역의 목적은 국가에서는 효율적으로 개발을 하기 위해서 건축물의 용도, 용적률 및 건폐율, 또는 높이와 같은 조건을 규제하거나 강화하는 용도지구를 정하지만, 제한만으로는 효율을 높이기 어려운 경우가 바로 도심입니다. 그래서 개별적으로 구체적 계획을 수립하기 위해서 구역을 나누어 최대의 효율을 추구합니다. 이때 나누어진 구역이 바로 지구단위계획구역입니다.

지구단위계획의 효력은 용도지역과 용도구역의 하위규정 성격을 가지고 있고, 권역이 지정되고 난 후 개발행위허가 제한을 최장 5년까지 연장할 수 있습니다. 그러기 위해서는 3년 이내에는 계획수립을 완료해야 하고 그때까지는 개발제한구역으로 계속 유지됩니다.

토지거래허가구역

토지거래허가구역은 투기적인 거래가 예상될 수 있는 지역의 지가가 급상승할 것을 막기 위해서 땅 투기 방지 목적으로 설정되는 구역입니다. 1979년에 첫 도입이 되었고 국토의 계획 및 이용에 관한 계획의 원활한 수립, 집행, 합리적 이용 등을 위해서 지정되었습니다. 투기성이 짙거나 그럴 것으로 보이는 지역을 대통령령으로 지정해 제한시키고 있고 국토교통부 장관, 시도지사에게 지정 권리가 있습니다. 투기적 성향이 보이면 5년 내 기간을 정해 지정하고 있습니다.

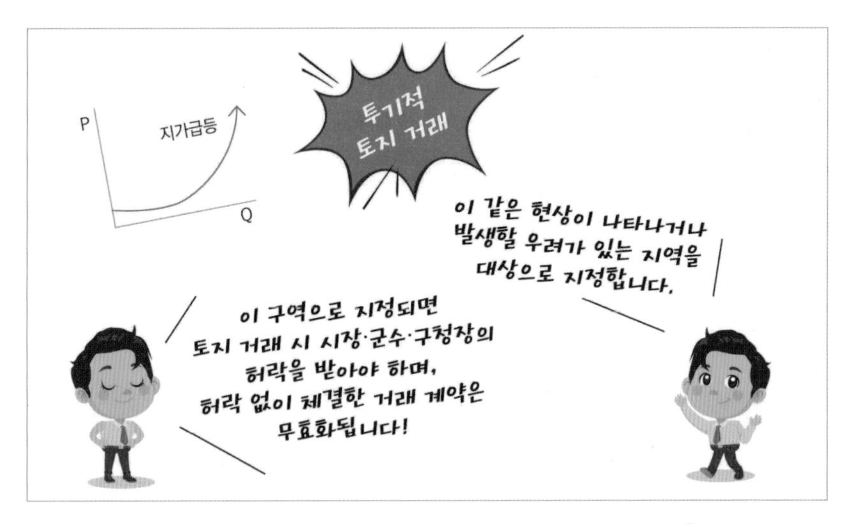

출처 : 저자 제공

도시지역 내 속하면 주거지역은 60㎡, 상업지역은 150㎡, 공업지역은 150㎡, 녹지지역은 100㎡, 도시지역 외 250㎡, 농지 500㎡, 임야 1,000㎡ 가 넘는 것을 매입할 때 시장, 군수, 구청장의 허가가 필요합니다. 허가 면적은 국가의 부동산 정책상 수시로 변경되기에 수시로 허가 면적을 확인할 필요가 있습니다.

허가를 받고 목적대로 이용하지 않으면 이행 명령이 부여되고, 이를 불이행하면 취득가액의 10% 범위에서 매년 이행강제금을 부과할 수 있습니다. 토지거래허가구역 신청을 하기 위해 소유주와 계약을 체결하고, 관할 시군구청에 신청서를 제출하면 됩니다. 매도인, 매수인 당사자들이 공동 신청하는 것이 원칙이고, 위임장이 있으면 대리인도 가능합니다.

형질변경(성토, 절토, 정지)

형질변경이란 토지의 형태를 바꾸는 것을 말하고 절토, 성토, 정지 작업과 같은 토지의 형질변경을 위해서도 개발행위허가를 받아야 합니다. 절토는 산 주변의 부지를 깎아서 건축하기 위해서 하는 것으로 50㎝ 이상 절토하려면 관할관청에 허가를 받아야 합니다. 성토는 흙을 메꾸는 작업으로, 비용 측면에서는 성토가 훨씬 더 비용이 듭니다. 성토는 50㎝ 이상 메꿀 때 각 관할 관청에 허가를 받아야 하고, 반대로 50㎝ 이하 성토나 농지의 경우 2m 이하 성토는 허가 대상에서 제외합니다. 정지 작업은 성토한 지반을 단단하게 다지는 것을 말합니다.

이렇게 성토, 절토, 정지 작업을 통한 형질변경을 한 토지는 그렇지 않은 토지에 비해 보통 2~3배의 가격으로 시세가 형성되기 때문에 지목이 변경되기 이전인 성토, 절토, 정지 작업을 해서 형질변경을 하는 것만으로도 해당 토지의 가격이 상승할 수도 있습니다.

출처 : 저자 제공

구거

구거란 작고 좁은 도랑을 말합니다. 지적법에 의한 지목 중 하나이며, 배수를 목적으로 하고 일정한 형태를 갖춘 인공적인 수로 및 그 부속 시설물의 부지와 자연의 유수가 있는 소규모 수로의 부지입니다.

구거가 농수로에 쓰이는 경우는 농업기반시설의 목적 외 사용 승인을 받아야 하고, 국유지로서 농업용이 아니고 지자체에서 관리하는 경우는 공유수면 점용허가를 받습니다. 보통 관청의 허가를 받아 구거 위에 다리를 만들어 사람과 차량의 통행이 가능한 길을 만들면 맹지를 탈출할 수 있고 개발행위허가를 받을 수도 있습니다. 이를 구거점용허가라고 하기도 합니다. 구거는 보통 논이나 밭이 많은 지역에 주로 있습니다. 지적도에는 구거라고 표시되어 있고 주로 소유주가 농어촌공사로 되어 있습니다.

그린벨트(개발제한구역)

도시의 무질서한 확산 방지와 도시의 자연환경 보전 따위를 위해 국토교통부 장관이 도시개발을 제한하도록 지정한 구역입니다. 개발제한구역 해제는 국책사업 및 지역 현안사업 등 공공성이 인정되는 개발사업을 위해 해제할 수 있습니다. 30만㎡ 이상은 중앙도시계획 위원회 심의를 거쳐 국토교통부 장관이 해제하고, 30만㎡ 미만은 시·도지사가 지방도시계획위원회 심의를 거쳐 해제하고 있습니다.

그린벨트 해제 대상 사업은 공익적 목적의 개발수요가 발생하면 진행하며, 공공주택사업·사회복지사업·녹지확충사업을 할 수 있습니다. 수도권에 있는 기업의 본사·공장이 지방 이전해 지역경제 활성화를 도모할 경우 이를 수용하는 사업, 산업단지, 물류단지, 유통단지, 컨벤션센터, 자동차 서비스 복합단지 건설사업, 도시의 자족 기능 향상을 위한 공간구조 개선, 도시민 여가 선용, 지역특화발전을 위해 추진하는 사업으로 주요 목표는 공공의 이익을 위한 사업이 그린벨트 해제 대상입니다.

대규모 그린벨트 해제 사업의 경우 해제 대상 여부 및 해제물량 확보가 전제되어야 하므로 사전에 입안권자인 시장·군수 등과 협의를 통해 해제물량 확보가 가능한지 등 여부를 확인 후 사업 추진 여부를 결정해야 합니다.

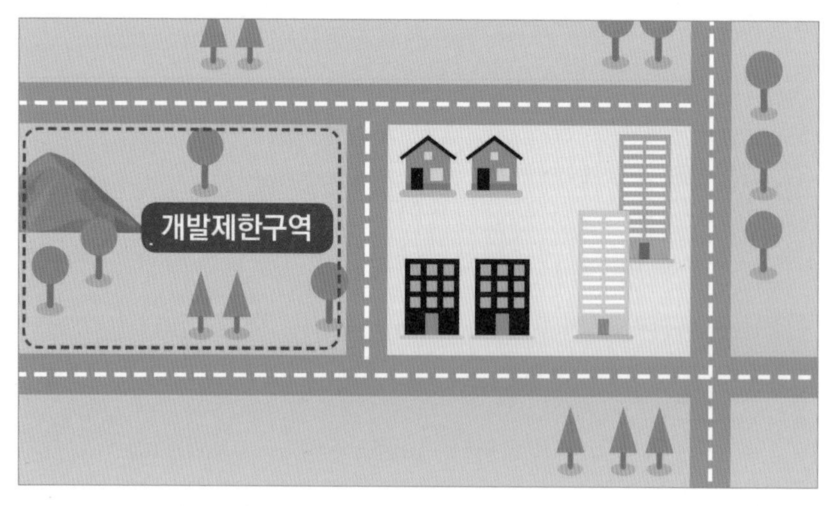

출처 : 저자 제공

사업용 토지 및 비사업용 토지

토지 투자를 하는 사람들이 꼭 숙지해야 할 사항이 세금입니다. 투자 수익률을 올리기 위해서는 다양한 방법들 가운데 사업용 토지와 비사업용 토지도 양도세와 직접 관계가 있습니다. 땅을 구매하거나 사용하려고 할 때 사업용 토지와 비사업용 토지의 인정 기준에 따라 세율에 대해 부과되는 비율이 상당히 차이가 크게 적용되기 때문입니다. 사업용 토지란 지목에 따라 용도에 맞게 사용하면서 보유하게 되면 인정이 됩니다.

1. 농지

농지는 도시지역 중 주거지역, 상업지역, 공업지역을 제외한 모든 지역(녹지지역, 관리지역, 농림지역, 자연환경보전지역) 중에 재촌자경의 요건을 충족하면 사업용 토지로 봅니다. 여기서 재촌의 요건은 연접한 시군구에 거주하거나 농지까지 직선거리 30㎞ 이내에 거주하면 됩니다. 그리고 자경은 농지를 농작물의 경작이나 다년생 식물의 재배에 상시 종사하거나 농사일의 1/2 이상을 본인의 노동력으로 경작, 재배하는 경우를 의미합니다.

여기에 추가되는 것이 소득 요건인데, 근로소득, 총급여 및 사업소득이 연간 3,700만 원 미만이어야 합니다. 그리고 세대별 소득을 합산하는 것이 아닌 소유자 본인의 소득만 계산합니다. 결국 농지가 사업용 토지가 되기 위해서는 농지에 재촌자경을 하면서 본인의 소득 요건을 갖춰야 합니다.

2. 임야

임야는 재촌의 요건만 충족되면 사업용 토지로 봅니다. 그리고 상속받고 20년 이상 소유한 임야나 종중 임야도 사업용 토지로 보게 되며, 개발제한구역 안의 임야 또한 사업용 토지로 보게 됩니다. 임야소재지에 거주하는 사람이 소유하고 있는 임야도 사업용 토지가 됩니다.

산림경영계획인가를 받아 사업 중인 임야, 산림법에 따른 영림계획인가를 받아 사업 중인 임야, 군사기지 및 군사시설보호법에 따른 군사기지 및 군사시설 보호구역 안의 임야, 자연공원법에 따른 공원자연보존지구 및 공원자연환경지구 안의 임야 및 도시공원 및 녹지 등에 관한 법률에 따른 도시공원 안의 임야 등 모두 사업용 토지로 인정됩니다.

3. 목장용지

도시지역 밖에서 축산업을 영위하고 가축별 기준면적 요건을 충족하면 사업용 토지로 봅니다. 상속을 받고 20년 이상 소유한 때도 사업용 토지로 봅니다. 축산업을 영위하는 사람이 소유하고 있는 목장용지도 당연히 사업용 토지로 봅니다.

4. 나대지

나대지는 원칙적으로 비사업용 토지에 해당하지만, 예외적으로 사업용 토지로 보게 되는 예도 있습니다. 재산세 비과세, 감면, 분리과세, 별도 합산과세 토지는 사업용 토지로 보고, 종합합산과세 대상 토지 중 사업 거주에 필수적인 토지 또한 사업용 토지로 봅니다. 그리고 무주택자가 660㎡ 이내 보유하고 있는 나대지도 사업용 토지로 봅니다.

5. 주택부속토지

주택정착 면적의 5배 이내 부속토지는 사업용 토지로 보고, 도시지역(주거지역, 상업지역, 공업지역, 녹지지역) 외에는 10배를 적용합니다.

지목

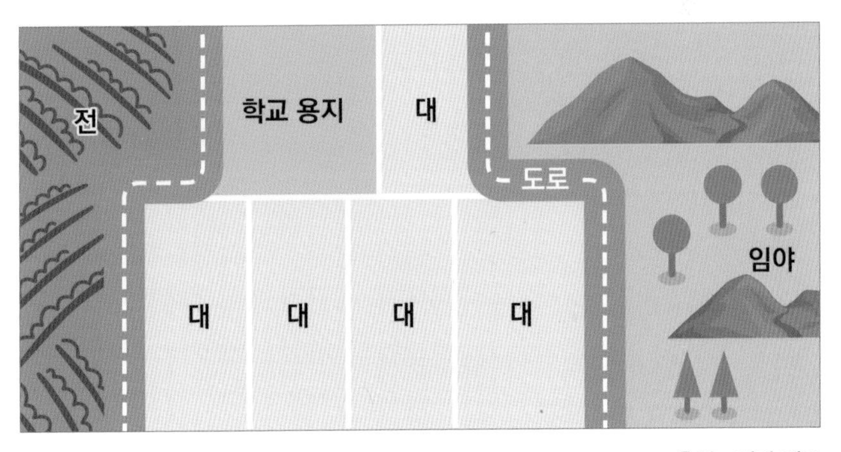

출처 : 저자 제공

토지의 주된 용도에 따라 토지의 종류를 구분해 지적공부에 등록한 것을 말합니다. 지목은 토지의 용도에 의해 구분되기도 합니다. 하지만 그 이외에도 지형 구분이나 토양의 성질, 수익력 등에 의해 또는 지질 생성의 차이에 의해서도 구분됩니다. 단식 또는 복식 지목에 의해서도 구별됩니다. 현재 우리나라의 지목은 다양한 토지 이용의 상태를 모두 지목으로 표시할 수 없으므로 이용 형태를 분류해 총 28가지의 법정 지목을 정하고, 그 이외의 등록은 인정하지 않고 있습니다.

1. 전

물을 상시적으로 이용하지 않고 곡물·원예작물(과수류는 제외한다)·약초·뽕나무·닥나무·묘목·관상수 등의 식물을 주로 재배하는 토지와 식용(食用)으로 죽순을 재배하는 토지입니다.

2. 답

물을 상시적으로 직접 이용해 벼·연(蓮)·미나리·왕골 등의 식물을 주로 재배하는 토지입니다.

3. 과수원

사과·배·밤·호두·귤나무 등 과수류를 집단적으로 재배하는 토지와 이에 접속된 저장고 등 부속시설물의 부지입니다. 다만, 주거용 건축물의 부지는 '대'로 합니다.

4. 목장용지

축산업 및 낙농업을 하기 위해 초지를 조성한 토지 및 가축을 사육하는 축사 등의 부지입니다.

5. 임야

산림 및 원야(原野)를 이루고 있는 수림지(樹林地)·죽림지·암석지·자갈땅·모래땅·습지·황무지 등의 토지입니다.

6. 광천지

지하에서 온수·약수·석유류 등이 용출되는 용출구(湧出口)와 그 유지(維持)에 사용되는 부지입니다. 다만, 온수·약수·석유류 등을 일정한 장소로 운송하는 송수관·송유관 및 저장시설의 부지는 제외합니다.

7. 염전

바닷물을 끌어들여 소금을 채취하기 위해 조성된 토지와 이에 접속된 제염장(製鹽場) 등 부속 시설물의 부지입니다.

8. 대

영구적 건축물 중 주거·사무실·점포와 박물관·극장·미술관 등 문화시설과 이에 접속된 정원 및 부속시설물의 부지와 '국토의 계획 및 이용에 관한 법률' 등 관계 법령에 따른 택지조성공사가 준공된 토지입니다.

9. 공장용지

제조업을 하고 있는 공장시설물의 부지입니다.

10. 학교용지

학교의 교사(校舍)와 이에 접속된 체육장 등 부속시설물의 부지입니다.

11. 주차장

자동차 등의 주차에 필요한 독립적인 시설을 갖춘 부지와 주차전용 건축물 및 이에 접속된 부속시설물의 부지입니다.

12. 주유소용지

석유·석유제품 또는 액화석유가스 등의 판매를 위해 일정한 설비를 갖춘 시설물의 부지나 저유소(貯油所) 및 원유저장소의 부지와 이에 접속된 부속시설물의 부지입니다.

13. 창고용지

물건 등을 보관하거나 저장하기 위해 독립적으로 설치된 보관시설의 부지와 이에 접속된 부속시설물의 부지입니다.

14. 도로

일반 공중(公衆)의 교통 운수를 위해 보행이나 차량 운행에 필요한 일정한 설비 또는 형태를 갖춰 이용되는 토지와 '도로법' 등 관계 법령에 따라 도로로 개설된 토지입니다.

출처 : 저자 제공

15. 철도용지

교통 운수를 위해 일정한 궤도 등의 설비와 형태를 갖춰 이용되는 토지와 이에 접속된 역사(驛舍)·차고·발전시설 및 공작창(工作廠) 등 부속 시설물의 부지입니다.

16. 제방

조수·자연유수(自然流水)·모래·바람 등을 막기 위해 설치된 방조제·방수제·방사제·방파제 등의 부지입니다.

17. 하천

자연의 유수(流水)가 있거나 있을 것으로 예상되는 토지입니다.

18. 구거

용수(用水) 또는 배수(排水)를 위해 일정한 형태를 갖춘 인공적인 수로·둑 및 그 부속시설물의 부지와 자연의 유수(流水)가 있거나 있을 것으로 예상되는 소규모 수로 부지입니다.

19. 유지(溜池)

물이 고이거나 상시적으로 물을 저장하고 있는 댐·저수지·소류지(沼溜地)·호수·연못 등의 토지와 연·왕골 등이 자생하는 배수가 잘되지 않는 토지입니다.

20. 양어장

육상에 인공으로 조성된 수산생물의 번식 또는 양식을 위한 시설을 갖춘 부지와 이에 접속된 부속시설물의 부지입니다.

21. 수도용지

물을 정수해 공급하기 위한 취수·저수·도수(導水)·정수·송수 및 배수시설의 부지 및 이에 접속된 부속시설물의 부지입니다.

22. 공원

일반 공중의 보건·휴양 및 정서생활에 이용하기 위한 시설을 갖춘 토지로써 '국토의 계획 및 이용에 관한 법률'에 따라 공원 또는 녹지로 결정·고시된 토지입니다.

23. 체육용지

국민의 건강증진 등을 위한 체육활동에 적합한 시설과 형태를 갖춘 종합운동장·실내체육관·야구장·골프장·스키장·승마장·경륜장 등 체육시설의 토지와 이에 접속된 부속 시설물의 부지입니다. 다만, 체육시설로서의 영속성과 독립성이 미흡한 정구장·골프 연습장·실내수영장 및 체육도장, 유수(流水)를 이용한 요트장 및 카누장, 산림 안의 야영장 등의 토지는 제외합니다.

24. 유원지

일반 공중의 위락·휴양 등에 적합한 시설물을 종합적으로 갖춘 수영장·유선장(遊船場)·낚시터·어린이놀이터·동물원·식물원·민속촌·경마장 등의 토지와 이에 접속된 부속시설물의 부지입니다.

25. 종교용지

일반 공중의 종교의식을 위해 예배·법요·설교·제사 등을 하기 위한 교회·사찰·향교 등 건축물의 부지와 이에 접속된 부속 시설물의 부지입니다.

26. 사적지

문화재로 지정된 역사적인 유적·고적·기념물 등을 보존하기 위해 구획된 토지입니다. 다만, 학교용지·공원·종교용지 등 다른 지목으로 된 토지에 있는 유적·고적·기념물 등을 보호하기 위해 구획된 토지는 제외합니다.

27. 묘지

사람의 시체나 유골이 매장된 토지, '도시공원 및 녹지 등에 관한 법률'에 따른 묘지공원으로 결정·고시된 '토지 및 장사 등에 관한 법률' 제2조 제9호에 따른 봉안시설과 이에 접속된 부속시설물의 부지입니다. 다만, 묘지의 관리를 위한 건축물의 부지는 '대'로 합니다.

28. 잡종지

다음 각 목의 토지입니다. 다만, 원상회복을 조건으로 돌을 캐내는 곳 또는 흙을 파내는 곳으로 허가된 토지는 제외합니다.

1. 갈대밭, 실외에 물건을 쌓아두는 곳, 돌을 캐내는 곳, 흙을 파내는 곳, 야외 시장, 비행장, 공동우물
2. 영구적 건축물 중 변전소, 송신소, 수신소, 송유시설, 도축장, 자동차운전학원, 쓰레기 및 오물처리장 등의 부지

땅의 속성

제1판 1쇄 2025년 3월 22일

지은이 김양구
펴낸이 허연 **펴낸곳** 매경출판㈜
기획제작 ㈜두드림미디어
책임편집 이향선, 배성분 **디자인** 얼앤똘비악earl_tolbiac@naver.com
마케팅 한동우, 박소라, 구민지

매경출판㈜
등록 2003년 4월 24일(No. 2-3759)
주소 (04557) 서울시 중구 충무로 2(필동1가) 매일경제 별관 2층 매경출판㈜
홈페이지 www.mkbook.co.kr
전화 02)333-3577
이메일 dodreamedia@naver.com(원고 투고 및 출판 관련 문의)
인쇄·제본 ㈜M-print 031)8071-0961
ISBN 979-11-6484-749-5 (03320)

책 내용에 관한 궁금증은 표지 앞날개에 있는 저자의 이메일이나
저자의 각종 SNS 연락처로 문의해주시길 바랍니다.